그리워하라

그리워하라

김혜련 산문집

"애증의 진짜 이름은 그리움이다."

시집 《야식 일기》, 《시간 대여점》
시인 김혜련 첫 산문집

바른북스

작가의 말

시를 쓴 지 24년이 흘렀다. 시인을 꿈꾼 적은 한 번도 없다. 가슴 한편에 감춰놓은 절실한 꿈은 따로 있었다. 초등학교 3학년 때부터 가슴 설레게 했던 전율 같은 꿈, 그것은 소설가가 되는 것이다. 그러나 고교 국어 교사로서의 삶에 전념하다 보니 호흡이 긴 소설 쓰기를 가까이할 시간이 없어 호흡이 짧은 시 쓰기를 주로 해왔다. 변명 같지만 늘 시간에 쫓기며 허덕허덕 정신없이 살아왔다. 그럼에도 가슴 한구석에 소설을 써야 한다는 욕망은 지워지지 않은 채 아무도 몰래 자꾸만 기형적으로 자라고 있다. 자투리 시간을 살짝 쪼개어 1년에 한 편 정도의 산문을 써온 것을 모아보니 어느새 서른 편이 넘었다. 내 몸에서 태어난 이 소박한 산문들을 모아서 한 권의 책으로 엮으며 소설을 쓰기 위한 발판으로 삼고자 한다.

　　곁에 있는 것만으로도 힘이 되는 가족들, 책 낼 때마다 제일 먼저 책을 구입해 주고 정성 들여 리뷰를 써주는 아름다운 제자 우지수, 추천의 글을 써 주신 문수현 선생님, 정 깊은 팔마문학 문우들께 감사드린다.

2025년 어느 날 순천만국가정원을 산책하며
김혜련

목차

작가의 말

제1부

붓 가는 대로

좋은 걸 어떡해 · 11

반려동물 공화국 · 15

사랑은 김장으로부터 온다 · 20

체육 달인 · 24

준비가 필요해 · 29

그 아이는 어디로 갔을까 · 32

꿈꾸는 일탈 · 39

운명이라는 길 · 43

울지 않는 아이 · 49

팔팔의 두 얼굴 · 52

아버지를 찾으러 가는 길 · 55

악몽 · 61

마지막 길 비 내리다 · 68

수능이 선물한 생애 최고의 여행 · 72

제자 또 다른 스승 · 79

역설 그 가슴 저린 미학 - 조용필의 〈그 겨울의 찻집〉 · 84

결혼! 신고합니다 · 90

벅찬 이름 소설, 결혼, 엄마 · 94

그 봄 병아리들의 이야기 · 99

나의 애송시 - 가난과 한의 초상화 박재삼의 〈추억에서〉 · 109

그리워하라 · 113

제2부
문학 찾아가는 길

호국(護國)과 문학의 보고(寶庫) 통영을 다녀와서 · 119

감춰진 보석 현구 시인을 그리는 강진 문학기행 · 131

제3부
책으로 교감하다

고단한 영혼을 위로하는 한계령이여 - 양귀자의 소설 〈한계령〉을 읽고 · 139

역사의 뒤안길에서 부활한 한 여자 이야기 - 신경숙의 소설 《리진》을 읽고 · 148

5월 광주는 피꽃 천지였구나 - 임철우의 소설 《봄날》을 읽고 · 159

제4부
책한테 말 걸다

엄마라는 이름의 부당성에 대한 고찰 – 신경숙의 소설《엄마를 부탁해》· *175*

시인의 변신은 무죄 – 정희성의 시집《시를 찾아서》· *179*

사막 위를 걷는 낙타 – 김진경의 시집《슬픔의 힘》· *186*

제5부
서사로 지은 집

그림자 지우기 · *195*

어머니는 바게트를 먹는다 · *221*

제1부
붓 가는 대로

누군가 순천만국가정원이 있어 가장 행복한 사람 손 들어보라고 하면 나는 한 치의 망설임도 없이 두 손을 번쩍 들 것이다. 바로 나다. 순천만국가정원이 있어 세상에서 제일 행복한 사람, 그 사람이 바로 나다.

좋은 걸 어떡해

가을이 깊어가는 10월의 끄트머리, 나는 순천만국가정원 억새길을 걷고 있다. 오후 6시 무렵 노을이 지는 하늘 속으로 스카이큐브 하늘 택시 몇 대가 유유히 달리고 있다. 잘 다듬어진 현대 한국화 한 폭을 감상하는 것처럼 기분이 좋아진다.

누군가 순천만국가정원이 있어 가장 행복한 사람 손 들어보라고 하면 나는 한 치의 망설임도 없이 두 손을 번쩍 들 것이다. 바로 나다. 순천만국가정원이 있어 세상에서 제일 행복한 사람, 그 사람이 바로 나다.

그도 그럴 것이 나는 순천만국가정원 서문 코앞에 위치한 임대아파트에 살고 있다. 20년 이상 순천 금당지구에서 정 붙이며 살다가 2년 전에 이곳으로 이사를 왔다. 정든 곳을 떠난다는 게 못내 아쉬워 참으로 많이 고민하고 망설인 끝에 뭔가를 저지르듯이 감행한 이사였지만, 지금은 내 인생에서 가장 잘한 일이 이곳으로 이사한 것이라 생각한다.

30년 이상 고등학교 교사로 재직하며 청춘도 에너지도 모두 쏟아내 버린 내 몸과 마음을 다독여 줄 이른바 힐링의 공간이 절실히 필요했던 것이다. 그런 나에게 선물처럼 다가온 순천만국가정원은 방전될 대로 방전된 심신이 성치 않은 나를 새롭게 충전해 준 명의 중의 명의이다. 아아! 탁월한 선택. 이런 것을 두고 하는 말인 듯싶다.

주중에는 학교 출근 때문에 엄두가 나지 않지만 주말과 휴일에는 꿈속에서도 순천만국가정원이 나를 부르는 소리가 알람 소리만큼 익숙하다. 일주일 동안 쌓인 온갖 마음의 독소와 스트레스를 날려 줄 순천만국가정원의 넓은 가슴이 나를 기다리는 것만 같아 주말 아침이면 마음이 바빠진다.

순천만국가정원은 사계절이 분명하다. 봄이면 복수초, 산수유, 매화를 시작으로 진달래꽃, 튤립, 유채꽃, 벚꽃, 라벤더, 수선화, 모란, 작약, 철쭉 등이 앞다투어 피어 세상 어디에서도 볼 수 없는 꽃 잔치가 펼쳐진다. 특히 원색의 다양한 물결을 만들어 내는 튤립은 봄날의 화려함을 온몸으로 뿜어낸다. 단아한 꽃대와 결점 하나 없는 화려한 꽃잎은 곱게 단장한 미인처럼 아름답다. 또한 흩날리는 벚꽃잎 속으로 빨려 들어가듯 펼쳐진 벚꽃길은 봄의 화사함과 삶의 무상함을 적절히 버무려서 선물해 준다. 벚꽃길을 걷는 다정한 연인들의 모습만 봐도 마음이 너그러워진다. 연인 없이 홀로 걷는 나는 슬프지도 외롭지도 않다. 떨어지는 벚꽃잎과 하나가 되는 물아일체의 경지를 눈부신 봄날에 만끽할 수 있기 때문이다.

봄꽃이 자취를 감추기 무섭게 어느새 찾아온 여름꽃과 우거진 녹음은 더운 여름을 열정과 시원함으로 장식한다. 장미, 금계국, 접시꽃, 맨드라미, 달리아, 샐비어, 칸나, 목백일홍, 수국, 금잔화, 원추리꽃, 백합, 마리골드, 해바라기, 무궁화, 연꽃, 메밀꽃 등 정말 그 종류도 헤아릴 수 없이 많다. 숨이 탁탁 막히는 땡볕에도 싱그럽게 피어나는 여름꽃을 통해 열정을 배우고 곳곳에 자리 잡고 있는 녹음 아래 쉼터는 한낮의 폭염마저 시원하게 식혀 준다. 거기다 포도와 배가 익어가는 달큰한 향기는 마음속 당 충전제가 되어 활기를 불어넣는다.

여름의 맹위 속에서도 어김없이 가을은 온다. 코스모스, 꽃무릇, 국화, 억새, 핑크뮬리, 천일홍, 금목서, 은목서, 구절초, 아스타, 블루세이지, 피라칸타, 부용화, 쑥부쟁이꽃 등 꽃 천국이다. 어쩌면 봄날보다 더 화려하고 볼거리가 넘치는 것인지도 모른다. 수줍은 소녀의 발그레한 볼 같은 핑크뮬리 속에서 사진을 찍는 사람들을 보는 것만으로도 마음이 먼저 풍요로워진다. 가을이 저물어 가는 11월쯤에는 꽃보다 아름다운 단풍을 만날 수 있다. 나무도감원과 도시숲의 울긋불긋한 단풍과 은행나무 숲길의 노란 단풍은 떠나는 가을을 붙잡아 오래오래 매어두고 싶은 충동을 불러일으킨다.

잎사귀를 모두 떠나보내고 알몸으로 서 있는 나무들이 쓸쓸하고도 따스한 이야기를 들려주는 겨울은 유난히 고즈넉하고 평화롭다. 다른 계절보다 관광객이 적은 겨울이 나는 오히려 더 행복하다. 화려하게 핀 꽃은 없지만 겉으로는 앙상해 보여도 강인한 생명력으로 내공을 키우고 있는 많은 나무들을 보며 내 삶을 반추해 보고 자연과 인생을 배울 수 있기 때문이다.

메타세쿼이아 숲속에서 불어오는 청량한 겨울 아침 공기를 들이켜 보라. 그러면 분명 순천만국가정원과 사랑에 빠질 것이다. 내가 그랬던 것처럼.

주말 아침 동이 트자마자 나는 순천만국가정원으로 달려간다. 설레는 마음으로 가슴이 콩닥콩닥 뛴다. 사랑에 빠진 것이다. 이것은 분명 사랑이다. 먼 훗날 퇴직하면 순천만국가정원에 날이면 날마다 출근 도장을 찍으리라. 아름다운 꽃과 아름드리나무들과 새, 나비, 벌, 벌레조차 내 친구로 만들고 말겠다는 야심 찬 계획을 세우며 오늘도 나는 순천만국가정원에서 누구보다 행복하다.

순천만국가정원, 그대가 마냥 좋은 걸 어떡해.

반려동물 공화국

보고 싶다
이렇게 말하니까 더 보고 싶다
너희 사진을 보고 있어도
보고 싶다

살갗에 닿는 바람의 느낌이 1년 중 가장 좋은 가을밤에 아파트 앞 가로수 길을 기분 좋게 걷고 뛰며 운동을 하고 있었다. 노란 산국이 흐드러지게 피고, 단풍이 제법 미모를 뽐내고, 달빛은 윤동주 시인의 맑은 마음처럼 빛나고, 바람은 산들산들 그야말로 운동하기에 최적의 자연조건이다. 요즘 잘나가는 방탄소년단의 노래가 귀에 꽂은 MP3에서 생음악처럼 들려오는 기분 최고의 순간이었다.

아! 그 최고의 순간을 순식간에 짓밟아 버리는 양심 없는 폭군의 등장. 하마터면 내가 내뱉은 비명이 아파트 유리창을 난타할 뻔했다.

"아아악! 이 미친 개○○야."

나도 모르게 반사적으로 질러버린 비명과 비속어가 그 아름다운 가로수 길을 흥건하게 적시고 있었다. 너무 놀라서 심장이 팔딱거리고 등줄기에 식은땀이 다 흘렀다.

"컹컹컹 멍멍멍~."

사색이 되어 달려온 어떤 여자가 개를 안고 말했다.

"조이, 우리 예쁜 조이, 괜찮아? 많이 놀랐지. 아줌마! 무식하게 왜 그렇게 소리를 질러요."

아! 세상에 이럴 수가. 놀란 나의 안전을 걱정하며 미안하다고 사과할 줄 알았는데, 사과는커녕 문제의 개가 얼마나 놀랐는지를 걱정하며 소리 지른 나를 질책하는 것이 아닌가. 이게 무슨 시추에이션. 정말 황당하다 못해 기가 막히고 코가 막힐 지경이었다.

상황은 이랬다. 가족을 떠나 시골학교 관사에서 답답하게 일주일을 보내다 금요일 밤 가족과 상봉하여 맛있는 저녁식사를 하고 순천만국가정원 쪽 가로수 길까지 밤 운동을 하는 게 내게는 소중한 행복이다. 그날 밤도 그 소중한 행복을 만끽하던 중에 느닷없이 시커먼 개 한 마리가 내게 달려들어 내 행복을 짓밟고 내 안전까지 아니 내 생명까지 위협한 것이다. 스트레스가 봄 강물에 떠 있는 얼음처럼 녹아내리며 기분이 좋아 무방비 상태로 걷고 있는 내게 달려든 한 마리 짐승. 내가 얼마나 놀랐겠는가. 정말 죽는 줄 알았다. 다시는 기억하고 싶지 않은 끔찍한 순간이었다. 목줄도 하지 않은 시커먼 그 녀석이 내게 달려든 것이다.

그렇다면 그 여자는 개의 놀람을 걱정할 게 아니라 그 개로 인해 엄청난 공포를 느낀 인간인 나를 걱정하는 것이 당연한 일 아닌가. 황당하고 분하고 또 분하다. 극도의 공포와 흥분 상태였던 내 입에서 터져 나온 단말마의 말들을 지면에 옮기기엔 지금 내가 너무 교양이 있어 생략해야 한다.

"우리 조이는 사람 안 물어요. 얼마나 순하고 착한 앤데 아줌마가 과잉 반응한 거예요. 좋다고 아줌마한테 달려간 거예요. 보세요. 달려가기만 했지 문 건 아니잖아요."

그런 말을 하는 그 여자의 턱을 발로 차버리고 싶었지만 너무도 교양이 있는 나는 참아야 했다.

이것이 얼마 전에 내가 겪은 최악의 경험이다.

오늘 아침 뉴스를 보니 우리나라도 이제 반려동물 인구가 천여만 명으로 인구의 30%가 반려동물을 키우고 있다고 한다. 가끔 나는 이런 생각을 하며 몸서리칠 때가 있다. 알다시피 우리나라 출산율은 가임 여성 한 명당 0.78명으로 해마다 감소하고 있다. 그런데 반려동물은 해마다 늘고 있는 추세이다. 그렇다면 앞으로 10년 후쯤에는 이 한반도에 사람보다 반려동물이 더 많아지는 것은 아닐까? 한 100년 후에는 이 땅에서 반려동물이 주인공이고 인간이 조연이 되는 씁쓸한 일이 벌어질지도 모른다는 생각을 하면 나도 모르게 전율이 일어난다. 혹자는 너무 지나친 망상이라고 나를 비난할지도 모른다. 차라리 지나친 망상일 뿐이라면 좋겠다. 그러나 어쩐지 불길하다.

　몇 년 전 연예인 최 모 씨의 반려견이 유명 음식점 여사장을 물어 결국 패혈증에 걸려 사망에 이르게 한 일이 있다. 실로 끔찍한 일이다. 나 역시 그 여자처럼 재수 없는 일을 당하지 말라는 법은 없다. 아니 나만이 아니라 이 땅에 사는 누구든 그런 일을 당할 수 있다.

　인간이 아닌 개를 사랑하고 그리하여 개를 키우는 것은 좋다. 사랑한다는데 누가 뭐라 하겠는가. 그렇지만 개를 사랑하는 애견인들이여, 이제는 당신의 개만 생각하지 말고 이 세상의 주인공인 사람을 먼저 생각하는 성숙한 의식을 보여주었으면 한다. '우리 개는 순해서 사람을 안 문다.'는 터무니없는 신뢰감만 내세우지 말고 데리고 나올 때는 목줄을 하는 것은 물론이고 입마개까지 하는 기본적인 예의가 있었으면 한다. 사람들이 산책하는 그 아름다운 자연 경치에 마구잡이로 대소변을 보는 당신 개의 배설물을 치워주는 의식 있는 견주가 많아졌으면 한다.

　또한 국가 차원에서 적합한 법적 규제도 시급히 마련되었으면 한다. 목줄을 안 하고 개를 데리고 나오면 견주에게 벌금형을, 사람을 물어 상해를 입히거나 사망에 이르게 하면 징역형에 처하는 등의 제도적 장치를 마련해야 한다. 견주에게 개 관리 소양 교육을 일정 시간 의무적으로 이수하도록 하였으면 좋겠다. 그래야만 개와 인간이 말 그대로 짝이 되는 동무, 즉 반려가 되는 진정으로 아름다운 세상이 열리지 않을까?

사랑은 김장으로부터 온다

"아가! 올해도 김장해 줄 텐께 김치 사 묵지 마라."

기말고사 출제로 병적일 만큼 예민해져 있는 주말 이른 새벽에 아침잠이 없는 노모의 전화 목소리는 눈물겹도록 따뜻하다. 밤샘을 한 무거운 눈을 따뜻하게 마사지해 주고 뭉친 어깨를 토닥여 주는 것처럼 가슴 뭉클하다.

"엄마 몸도 안 좋은데 뭘라고······. 그냥 우린 사 먹을 테니 걱정 말고 엄마 건강이나 신경 쓰세요."

"아무리 몸이 안 좋아도 올해까진 담가 줄 텐께 다른 말 마라."

팔순의 노모는 이른바 고위험군에 해당하는 건강이 좋지 않은 상태이다. 당뇨 약으로 혈당 조절이 안 되어 10여 년 전부터 인슐린 주사를 하루 두 차례 맞아야 하는 것은 물론이고, 관절, 뼈, 인대가 안 좋아 허리도 제대로 펴지 못하고 연골 주사, 스테로이드

주사 등에 의존하여 간신히 걷는 정도이다.

아버지가 돌아가시기 전에는 두 분이 호흡을 맞춰 서로 오순도순 도와가며 아들과 딸 몫의 김장을 하셨다. 아버지가 돌아가신 후부터는 건강이 여의치 않은 노모 혼자 김장을 하신다. 겨울방학이나 되어야 겨우 시간적 여유가 생기는 나는 노모에게 겨울방학 때 내가 도와 줄 테니 같이 하자고 해도 도통 말을 듣지 않는다. 그도 그럴 것이 보통 겨울방학은 12월 30일쯤 하는데 그때 김장하기에는 너무 늦다고 한다. 물론 주말이나 휴일도 있지만 매일 아침 일찍 출근하여 밤늦게 퇴근하는 나로서는 주말이나 휴일에는 피곤이 한꺼번에 몰려와 도무지 맥을 못 춘다.

어머니의 김장은 하루 만에 뚝딱 마무리되는 스피드 코스가 아니다. 배추, 무, 갓, 쪽파, 미나리, 당근, 생강, 청각 등을 마트나 시장에서 구입한다. 한 푼이라도 싸게 구입하려고 배달시키지 않고 불편한 노구를 이끌고 직접 카트를 밀며 몇 차례 왕복한다. 구입한 김장거리를 밤새 다듬고 씻고 소금에 절이고 부재료를 썰고 이렇게 어머니는 일주일 이상을 허리도 제대로 못 펴고 혼자 김장 준비를 한다. 사실 따지고 보면 어머니의 김장은 일주일이 전부가 아니다. 봄철 젓갈 담그기부터 시작이다. 멸치젓, 갈치속젓, 천일염 등 좋은 재료를 싼값에 구입하려고 발품을 팔며 애를 쓴다. 여름에는 마늘을 구입하고, 가을에는 전통시장에 가서 고추를 구입하여 햇볕에 말리고 비가 오는 날에는 평소 가스비 많이 나온다고 틀지 않는 보일러를 틀고 방바닥에 고추를 널어 말린다. 고추가 다 마르면 단골 방앗간까지 가서 빻아 온다. 젓갈을 끓여 거르고 찹쌀 풀을 쑨다. 정말 어머니의 김장은 봄, 여름, 가을, 겨울 사계절이 모두 소요되는 큰 행사이다.

자식에 대한 사랑이 없다면 이 엄청나게 힘겨운 작업을 병들고 불편한 몸으로 어떻게 해낼 수 있을까?

"아이고 허리야, 아이고 삭신이야, 아이고 나 죽것다······."

말이라기보다는 고통스러운 감탄사에 가까운 비명을 늘 달고 살면서도 아픔조차 잊고 매년 김장을 담가 주시는 어머니. 곁에서 도와드리지 못해 죄송하고, 돈 몇 푼 드리고 염치없이 받아먹는 내 양심이 미워서 마음이 편치 않지만 어머니의 김장김치는 내 가슴을 먹먹하게 하는 사랑이고 맛있음의 극치이다.

추운 겨울밤 방과 후 수업, 심화 수업, 야간 자습 감독 등으로 파김치가 되어 돌아온 식탁에 어머니의 김장김치 한 접시는 하루치의 피곤함과 삶의 신산함, 학생들에게 받은 붉은 상처조차도 감쪽같이 녹여주는 마법의 상자이다.

올해는 어머니의 건강이 너무 안 좋아 어머니표 김장김치를 포기해야 한다. 마음이 많이 아프다. 세월이 야속해서 마음이 아프고, 날이 갈수록 쇠약해지는 어머니의 모습이 더 마음 아프고, 나의 상처 치료제인 어머니의 김장김치를 더 이상 맛볼 수 없다는 사실이 슬프다. 아무것도 할 수 없는 나는 그저 두 손 모아 어머니의 건강을 기원해 본다.

체육 달인

그해 가을, 운동장은 온통 웃음바다로 변했다. 어떤 아이는 손뼉을 치며 웃었고, 어떤 아이는 배를 잡고 웃었고, 어떤 아이는 숫제 운동장을 뒹굴며 폭소했다. 폭소탄이 날아다니는 그 운동장 한복판에서 오직 나 혼자 곶감보다 검붉은 얼굴이 되어 수치심과 외로움에 몸을 떨어야 했다.

당시 여고 2학년인 나는 공부를 잘했다. 그럼에도 매번 1등을 놓쳤던 결정적인 이유는 체육 때문이었다. 친구들은 대부분 체육 성적이 '우'나 '수'였는데 나만 혼자 '가'나 '양'이었다. 그래서 체육 선생님은 그런 나를 양갓집 규수라고 놀렸다.

나는 체육이 싫었고, 체육 시간이 싫었고, 체육 선생님이 싫었고, 체육을 잘하는 아이들이 싫었다. 주당 4단위나 되는 체육 시간이 나에게는 지옥보다 고통스러운 시간이었다. 당시 학교에 실내체육관이 없어 비가 오는 날에는 운동장에서 체육을 하지 않고 교실에서 이론 수업을 하거나 자습을 하였다. 체육 시간이 든 전날에는 절박한 심정으로 으레 기도 삼매경에 빠졌다.
　'하느님! 주님! 부처님! 천지신명님! 조상님! 부디 불쌍한 소녀의 간절한 기도를 들어주소서. 내일은 꼭 비를 내려주소서.'
　사실 그 기도는 효과를 거두지 못할 때가 많았다. 체육이 든 날은 학교 가기가 싫었다. 괜스레 온몸이 아픈 것 같았고 우울했다. 그러나 나는 모범생, 요즘 아이들 말로 범생이여서 결석할 용기조차 없었다.
　체육 시간에 내가 몸을 움직이기만 하면 아이들의 폭소는 자동 발사되었다. 나는 그것을 비웃음과 야유로 받아들였다. 한창 감수성이 예민하고 자존심이 강했던 나는 그럴 때마다 남모르는 상처로 마음속을 흥건히 적셔야 했다.
　나는 체육을 포기했다. 그야말로 요즘 식의 어법으로 하면 '체포'인 셈이다. 미련 따윈 없었다. 내 마음에 상처를 남기는 것보다 차라리 체육 점수를 포기하는 게 그나마 자존심을 지키는 길이라 여겼다.
　체육 시간이 되면 체육 선생님께 몸이 아프다고 말씀드렸다. 스스로 요양호 학생이 되었다. 얼굴이 창백하고 삐쩍 마른 나는 외관상 충분히 환자처럼 보였다. 체육 시간이 끝날 때까지 나무 밑에 앉아서 운동하는 친구들의 모습을 구경하기도 하고 사색을 즐기기도 하고 때로는 용감하게 글을 쓰기도 했다.

어느 날 배불뚝이 담임 선생님이 교무실로 나를 불렀다. 걱정하는 눈빛으로 위아래를 훑어보며 말씀하셨다.

"혜련아, 체육 시간에 전혀 체육 활동을 안 한다면서? 너는 다른 과목 성적은 좋은데 체육 성적이 너무 안 좋아 늘 1등을 놓치고 있어. 그래서 선생님이 체육 선생님께 조용히 부탁드렸어. 혜련이는 공부를 아주 잘하는 학생인데 체육 때문에 1등을 놓치니 조금만 봐주라고. 그랬더니 체육 선생님이 자기도 고민이라고 하셨어. 니가 하는 시늉이라도 하면 점수를 줄 텐데 아예 하려고도 안 하니 애들 눈도 있고 해서 점수를 줄 수 없다는 거야."

나는 애써 태연한 척하며 차분한 목소리로 단호하게 말했다.

"선생님, 전 괜찮아요. 못하는 체육 잘하려고 억지로 노력하고 싶지 않아요."

"그러지 말고 선생님 소원이니 체육 시간에 그냥 하는 시늉만 해라. 그러면 체육 선생님이 너 체육 '미'는 주신다고 하셨어. 제발……."

"생각해 볼게요."

교무실 문을 나서며 나는 울고 싶었다. 아니 죽고 싶다고 해야 더 정확한 표현일 것이다. 왜 나는 이렇게 체육을 못해서 친구들의 웃음거리가 되고 담임 선생님을 힘들게 하는가. 자존감은 땅에 떨어지고 학교 다니기도 싫었다. 눈물이 펑펑 쏟아질 것 같았지만 애써 참았다.

'이판사판 난장판 밑져야 본전 죽이 되든 밥이 되든 한번 해보자.'
마음속으로 이를 갈며 무모하게 외쳤다.

그해 가을, 운동장을 웃음바다로 만든 것은 나의 기상천외한 배구 패스 때문이었다. 지구상의 그 누구도 감히 흉내 낼 수 없는 독보적인 패스. 아마도 내가 조금만 유명한 사람이었다면 기네스북에 등재되었을 것이다. 그날은 체육 실기 시험으로 배구 패스 시험을 보는 날이었다. 1인당 패스를 10번 시도하여 성공할 때마다 점수를 10점씩 부여받았다. 친구들 대부분은 8~10번 정도 패스에 성공했다.

마침내 내 차례가 되었다. 잔뜩 긴장한 나, 마음속으로 수백 번 기도한 나, 이번만은 멋지게 한번 해보리라. 그러나 나의 기도와 결심은 모두 나를 배신하고 운동장은 일시에 웃음바다로 변한 것이었다. 정면을 향하여 최선을 다해 공을 던졌거늘 어찌 된 영문인지 공은 어김없이 후면을 향해 날아가고 있었다. 참으로 불가사의한 일이다. 10번의 기회 모두 정면이 아닌 후면을 향해 유유히 날아가는 배구공!

나는 그런 사람이었다. 체육 부진아. 구제 불능. 낙인찍힌 만신창이가 되어 어깨를 잔뜩 구기며 교실로 들어와 책상에 엎드려 소리 죽여 울었다.

다시 태어나고 싶지 않지만, 만약 다시 태어나야 한다면 나는 체육 달인으로 태어나 마음속에 각인된 상처와 설움을 씻어내고 싶다. 배구 패스 10개 정도는 식은 죽 먹듯이 가볍게 해내고 '마이(my)'를 외치며 공을 받아 멋지게 네트 위로 넘겨 상대 팀을 제압하고 싶다. 그리고 날씬하고 날렵한 몸을 휘잉 날려 세리머니를 하고 싶다. 높이 쌓아 올린 뜀틀 위에서 춤추듯 곡예를 하고 싶고 농구 골대에 관중들의 눈이 빙글빙글 돌 정도로 골인을 하고 싶다.

눈부시게 푸른 가을 하늘 아래 드넓은 운동장을 웃음바다가 아닌 환호의 바다로 만들고 싶다.

준비가 필요해

 겨울비가 추적거리는 이른 아침, 어둠은 아직 아파트 베란다 입구에 단단히 버티고 서 있는데 나는 가족들의 아침잠을 방해하지 않기 위해 조심스럽게 출근을 서두른다. 0교시 아침 보충수업을 하기 위해서이다. 7시 30분부터 담임으로서 아침 자습 감독을 하고 8시부터 국어 교사로서 0교시 수업을 한다. 겨울, 밖은 쌀쌀하고 이불 속에서 나오기 싫을 때가 많다. 아아, 나는 왜 저들처럼 편안하게 아침잠을 즐길 수 없는가?
 시내버스를 타기 위해 아파트 엘리베이터 단추를 누르는데 늘 메고 다니던 검은색 작은 백팩의 왼쪽 끈이 투둑 끊어진다.
 '뭐지? 어제까지 멀쩡했던 백팩 끈이 갑자기?'
 당황스러웠다. 다시 아파트로 돌아가 다른 가방으로 바꾸기에는 출근 시간이 너무 임박했다. 하는 수 없이 끈이 끊어진 백팩을 어색

하게 들고 시내버스에 몸을 실었다. 끈끈이주걱처럼 머릿속에 달라붙어 있는 석연치 않은 싸한 느낌을 애써 지우려 눈을 감아도 뭔가 근원을 알 수 없는 찝찝함과 개운치 않은 기분으로 고통스러웠다.

교과 교실이자 담임 맡은 반 교실이며 또한 나의 업무 공간이기도 한 4층 맨 끝 교실 문을 열자 평소 그 시간대에는 학생들의 머릿수가 꽉 차 있는데 그날은 두 자리가 비어 있었다.

무슨 일이지? 평소 결석 없는 반, 100% 출석을 강조하며 이를 자랑으로 여겨왔는데 대체 이게 무슨 일이람. 몰려오는 불쾌한 기분을 누르고 눈짓으로 묻자 아이들은 현주 아빠가 돌아가셔서 현주 친구 선아가 화장장에 따라가서 늦게 올 것이라고 했다.

아아, 이것이었구나. 아침에 검은색 백팩의 끈이 갑자기 끊어져 버린 그게 이것에 대한 암시였구나. 어떻게 해야 하지? 주저앉고 싶었고 울고 싶었다. 서둘러 교장, 교감 선생님께 전화로 보고를 하고 수업계 선생님한테 수업 변경을 부탁하며 반장, 부반장을 데리고 택시를 불러 화장장으로 직행하였다.

아아, 현주 그 아이. 눈이 크고 얼굴이 유난히 발그레하고 예쁘게 생긴 그 아이가 검은 상복을 입고 눈물로 얼룩진 얼굴로 겨울비에 젖고 있었다. 왜소한 몸집의 젊은 엄마와 1남 2녀의 어린 자녀. 첫째인 현주, 둘째인 중학생 남동생, 셋째인 초등학교 2학년생인 막냇동생.

관이 화로 속으로 내려간다. 현주 아버지 성함 밑에 '소각 중'

이라는 글씨가 지나간다. 40~50분이 흘렀을까? '소각 완료'라는 글씨가 나타난다. 한 10분쯤 흐른 후 '냉각 중'이라는 차가운 글씨가 이별을 알린다.

아아, 산다는 것은 무엇인가? 또한 죽음이란 무엇인가? 준비 없이 찾아온 갑작스러운 죽음은 남겨진 사람들에게는 슬픔과 절망의 폭탄이다.

그 일이 있고 난 이후로 나는 죽음도 미리 준비해야 하는 것 중의 하나라는 사실을 깨달았다. 마라톤의 목표가 골인 지점이듯 인생의 궁극적인 목표는 죽음이라는 사실을 왜 여태 외면하려 했는가. 언제 죽을지 어디서 죽을지 어떻게 죽을지 아무도 알 수 없기에 우리는 항상 죽음을 준비해야 한다.

우선 마음의 준비부터 하고, 그다음 구체적인 행동 면에서 어설프게나마 준비해 본다. 그동안 아끼던 것들, 애착과 미련 때문에 버리지 못했던 각종 책, 옷가지, 냉장고 속 음식물, 생활용품들을 정리하며 버리는 작업을 시도했다. 내가 써두었던 각종 기록물, 내게 온 편지 등 수없이 많은 먼지 풀풀 날리는 그것들을 파쇄하고 태우는 작업을 했다. 그리고 남겨진 가족들에게 경제적으로 도움이 될 예금, 적금, 보험 등의 목록을 정리해 보았다.

역설적이게도 죽음을 준비하는 가장 큰 열쇠는 다름 아닌 건강을 지켜야 한다는 명백한 결론을 깨닫고 나는 한 차례 전율했다. 죽음도 준비가 필요하다.

그 아이는 어디로 갔을까

　교직생활을 하다 보면 학생들로 인해 가슴이 아프고 슬플 때가 많다. 다양한 경우가 있겠지만 특히 중도 탈락하는 학생들을 보면 슬프기 그지없다. 그동안 중도 탈락한 학생을 많이 보았지만 그 아이처럼 내 마음을 아프게 한 학생도 드물다. 지금도 그 아이만 생각하면 가슴이 아리고 슬프다.
　1990년대 초반 나는 갓 결혼한 새댁이었다. 안타까운 주말부부 신세에서 어렵사리 벗어난 나는 집과 비교적 가까운 거리에 있는 ㄱ고등학교로 전보 발령을 받았다.
　중학생 티를 벗지 못한 눈이 초롱초롱한 여고 1학년 학생들의 담임을 맡아 두렵고도 설레는 마음으로 하루하루를 보내던 시절이었다. 그때는 20대 특유의 열정과 사명감으로 학생들에 대한 주체할 수 없는 사랑과 잘해야겠다는 책임 의식으로 가슴이 뜨거울 때였다.

100% 출석률을 자랑하는 무결석 학급으로 전교에서 가장 모범적인 학급으로 만들고 싶었다. 그래서 순천에서 광양까지 콩나물시루를 방불케 하는 시내버스를 타고 다니면서도 남들보다 먼저 출근하여 아침 자습 감독을 하고 틈날 때마다 학생 상담을 하였다.

그러던 어느 봄날 벚꽃이 질 무렵 무결석 학급이라는 자랑스러운 이름에 먹칠을 한 아이가 한 명 있었다. 그 아이였다. 바로 그 아이! 입학식 날부터 내 시선을 빼앗았던 그 아이. 사실 누구한테도 말은 안 했지만 마음속으로 은근히 걱정해 온 아이였다. 입학식 날 다들 똑같은 교복에 단발머리 여고생들이 잔뜩 긴장한 모습으로 부동자세로 서 있는데 그 아이만은 긴장이 풀린 다소 껄렁함마저 느껴지는 자세로 서 있었다. 게다가 다른 애들은 교복 치마 길이가 무릎 아래까지 내려오는데 그 애는 무릎 위로 20cm가량 올라가 있었다. 단발머리도 아니고 남학생처럼 짧은 커트 머리를 하고 있었고 눈썹을 밀고 진하게 눈썹을 그린 화장을 한 아이였다. 그때만 해도 요즘처럼 화장을 하는 애들이 많지 않았다. 가슴이 섬뜩했다.

'아아! 이 아이가 올 1년 내내 나를 괴롭히겠구나.'라는 직감이었다. 그런데 그 직감이 직감으로 끝난 것이 아니라 현실로 다가온 것이다. 그토록 무결석을 부르짖었건만 그 아이가 나를 배신한 것이다. 아무리 아파도 죽을 정도가 아니면 학교에 와서 조퇴라도 하라고 했던 나의 치기 어린 부탁을 보기 좋게 무시한 것이다. 나는 전후 사정을 알아보지도 않고 화가 나서 흥분을 감추기 어려웠다.

그 아이의 집으로 전화를 했더니 K읍에 있는 언니 집에서 학교를 다니기 때문에 잘 모른다고 했다. K읍에서 버스로 1시간가량 걸리는 J면에서 통학하기가 힘들어 언니 집에서 다닌다는 것이었다. 여러 차례 상담을 했지만 나는 그것조차 파악하지 못하고 있었던 것이다.

수소문 끝에 언니 집 전화번호를 알아내어 언니에게 전화를 걸었더니 막냇동생 때문에 속 터져서 못 살겠다고 하소연을 하였다. 주말에 J면에 있는 집에 간다고 나간 뒤에 아무 소식이 없었다는 것이다.

그렇다면 그 아이는 도대체 어디로 증발한 것일까? 그 애랑 친하다는 애들을 불러 이것저것 물어보았지만 별 소득은 없었다.

그로부터 일주일 후 그 언니가 학교로 찾아왔다. 수심 가득한 언니의 얼굴에는 그간의 고통이 역력히 묻어 있었다. 쉽게 털어놓기 힘든 복잡한 가정사를 꺼내 놓았다. 언니는 전처소생이고 그 아이는 후처소생이라 했다. 즉 언니의 아버지가 재혼하여 나은 아이가 바로 그 아이였다. 언니와 그 아이는 이복자매였던 것이다. 그 아이의 엄마와 전처소생의 자녀들 사이에는 끊임없는 갈등이 계속되었다. 그 틈바구니에서 자란 그 아이는 점차 비뚤어지기 시작하여 중학교 때부터 술과 담배를 가까이하고 화장을 하며 반항아가 되었다는 것이다.

고등학교 입학하면 좀 나아질까 하고 기대했지만 형부 앞에서조차 조심하는 법 없이 담배를 피우고 화장을 하는 모습을 보여서 남편한테 너무 창피하고 민망하여 속이 터질 지경이라고 했다. 그러지 말라고 충고하면 욕을 하고 대든다고 했다. 나로서는 도무지 상상조차 할 수 없는 충격적인 내용이었다. 학기 초에 상담할 때 그 애가 얼마나 얌전하고 조신하게 말했는데……. 입학식 날 본 그 애의 모습은 단지 선입관이었을 뿐이고 생각도 깊고 글도 잘 쓰는 멋진 아이라고 판단했는데……. 그 애는 화목한 가정에서 막내로 태어나 부모님과 언니 오빠의 사랑을 듬뿍 받으며 자랐다고 하며 작가가 되는 게 꿈이라고 진지하게 말했었다. 그런데 그 모든 것이 그 애가 꾸며낸 거짓이었던 것이다.

아아! 뭐라 형언할 수 없는 배신감과 허탈함. '그 애는 순진하게 속아주는 병아리 교사를 보고 얼마나 재미있어했을까?'를 생각하니 부끄럽고 창피해서 참을 수가 없었다.

하루하루 괴로움 속에서 살아가던 내 눈앞에 그 애가 정말 꿈속의 한 장면처럼 나타났다.

더 짧아진 머리와 더 깊어진 눈망울로 나타났다. 와락 껴안고 울고 싶었지만 아니 욕이라도 흠뻑 쏟아내고 싶었지만 나는 최대한 무표정을 가장하며 정규 수업을 마치고 나서야 그 애를 빈 교실로 불렀다. 아이는 고개를 들지 않았다. 무슨 말부터 어떻게 꺼내야 할지 병아리 교사인 나로서는 난감하기만 했다. 한동안 침묵이 흐르고 한참 후에야 내가 꺼낸 말은 "너, 학교 다닐래?"고작 그것이었다. 지금 생각해도 참 어이없는 말이다. 아이는 다니겠다고 했다.

"너, 선생님 속여먹고 참 재미있었겠다. 나 너 같은 문제아 더 이상 못 본다."

꼬여버린 내 감정이 그만 주워 담지도 못할 말을 뱉고 말았다. 아이가 갑자기 내 손을 잡았다.

"선생님, 죄송해요. 한 번만 저 믿어주시면 학교 열심히 다닐게요. 선생님 골탕 먹이려고 거짓말한 것 아니에요. 저도 그렇게밖에 할 수 없는 이유가 있었어요. 선생님!"

울먹거리는 아이를 보며 짜증이 나려는 순간 나는 붕대가 칭칭 감긴 그 애의 손목을 보고 말았다. 내 시선을 의식한 그 아이는 한사코 손을 감추려 했지만 나 자신도 놀랄 만큼 강한 힘으로 그 애의 손목을 잡고 붕대를 풀었다.

아아! 세상에 이런 일이……. 그 애의 왼쪽 손목은 검붉은 선으로 난도질이 되어 있었다. 너무 징그러워 그만 눈을 돌리고 싶은 그 애의 참담한 손목. 그때까지도 검붉은 핏자국이 남아 있었다. 태어나서 그런 손목은 처음 봤다. 충격을 억누르며 어떻게 된 것이냐고 간신히 물었더니 아이는 어렵게 입을 열었다. 자살하려고 잭나이프로 손목을 그었다는 것이다. 주말에 J면에 있는 집에 갔다가 부모님이 싸우는 모습을 보고 너무 괴로워 욕실에서 죽으려고 손목을 그었다는 것이다. 자살을 시도한 것이 그때가 처음은 아니라고 했다. 중학교 때도 자살 시도를 했고 그때는 오른쪽 손목을 그었다고 했다. 오른쪽 손목에는 아직도 상흔이 남아 있었다. 사는 게 너무 싫고 자기 때문에 엄마 아빠가 싸우는 것도 싫고 사람들이 후처소생이라고 손가락질하는 것도 싫고 모든 게 싫어서 미쳐버리겠다는 것이었다. 너무 힘들고 괴로워서 담배를 피우거나 술을 마시지 않으면 숨조차 못 쉴 지경이라고 하며 그 작은 아이가 펑펑 울었다. 나도 모르게 아이를 안고 울고 말았다.

그랬구나. 나는 그것도 모르고 그저 너에게 속은 것이 창피하고 분해서 한동안이나마 너를 미워했구나. 미안하다. 선생님이 도와줄게. 힘들고 괴로울 때 선생님한테 기대라. 그리고 네가 잘하는 글쓰기를 해라. 글을 쓰면 네 가슴에 응어리진 아픔이 조금은 삭혀질 것이다. 힘내라.

그렇게 약속하고 그 아이는 몇 달 조용히 잘 다니는 듯하다가도 서너 차례 가출을 시도했고 나는 그때마다 그 애의 아픔을 다독이며 껴안았고 그 애는 무사히 1학년을 마치고 2학년으로 진급하였다.

나는 또다시 1학년 담임을 맡아 정신없이 지내다 보니 자연스럽게 그 애를 잊고 있었다. 그러던 어느 날 그날도 동료 교사들과 점심을 먹고 벚꽃이 흩날리는 교정을 산책하고 있는데 누군가 뛰어와서 인사를 하는 것이었다. 바로 그 애였다. 어떻게 지내냐고 물었더니 그럭저럭 지낸다고 하면서 1학년 때가 좋았다고 했다. 그래도 선생님 생각하면서 열심히 다닌다고 했다. 나는 힘내라고 말하며 한 번 안아주었다.

그런데 그것이 그 애의 마지막 모습이었다. 며칠 후 그 애는 자퇴를 했고 나는 그 사실을 뒤늦게 알았다. 그 애의 언니 집과 J면에 있는 그 애 집에 전화를 했지만 그 애가 가출을 해서 본인들도 모른다고만 했다.

아아! 그 애는 어디로 간 것일까? 어느 하늘 아래서 살고 있을까? 설마 자살한 것은 아니겠지. 살아 있다면 40대의 아줌마가 되어 있을 텐데.

아린 손톱처럼 내 가슴 한편에 아직도 남아 있는 그 애. 부디 살아 있기를 바란다.

"미란아! 아무리 힘들어도 죽는 것보다 사는 게 나아. 선생님이 살아보니까 사는 게 힘들어도 힘들었던 것만큼 배우는 게 있더라. 죽을 만큼 힘들어도 그 고비만 넘기면 살 만하더라. 그게 인생이더라."

꿈꾸는 일탈

사랑의 기로에 서서/슬픔을 갖지 말아요
어차피 헤어져야 할 거면/미련을 두지 말아요

이별의 기로에 서서/미움을 갖지 말아요
뒤돌아 아쉬움을 남기면/마음만 괴로우니까

1982년 나는 단발머리 여고생이었다. 표 나게 얌전하고 공부도 잘하는 모범적인 학생이었다. 그러나 그것은 나를 보호하기 위한 일종의 보호막 아니 가면일 뿐이었다. 실상 내 마음속에는 수천 가지의 일탈이 시시각각으로 자라고 있는 악질적인 문제아였다. 대학 진학은 사치에 가까운 궁핍한 가정 형편, 술고래 아버지, 철부지 동생들……. 생각만 해도 가슴이 터질 것처럼 답답하고 싶었다. 그래서 나는 아침에 눈 뜨면 가출을 생각했고, 하교할 무렵이면 집에 가기 싫어 공연히 늑장을 부리곤 했다.

그해 5월 어느 날 아침 등굣길에 우연히 보게 된 벽보가 내 가슴을 한없이 두근거리게 했다. 심장이 터질 것처럼 쿵쾅거려서 한바탕 소리라도 질러야 할 것 같았다.

아아, 콘서트! 나의 이 답답한 가슴을 뻥 하고 뚫어줄 것 같은 콘서트. 일주일 뒤에 광양 군민회관에서 6인조 남성 그룹의 콘서트가 열린다는 광고지였다. 나는 그 광고지를 보고 일주일 내내 설렘에 몸살을 앓았다. 사실 그 남성 그룹은 다운타운가에서 노래를 하는 잘 알려지지 않은 무명가수였다. 그러거나 말거나 그것은 내게 중요한 사실이 아니었다. 답답한 마음을 뻥 뚫어줄 수만 있다면 아무래도 상관없었다. 다만 그들의 공연에 어떻게 가느냐가 문제였다. 우선 그 공연은 고등학생인 내가 수업을 듣고 있어야 하는 시간에 이루어진다. 그리고 공연 티켓 구입비도 극복하기 힘든 난제였다. 용돈이라는 단어가 있는지조차 모르고 살았던 내가 그 거금을 마련해야 하는 것도 여간 부담스러운 게 아니었다.

그래도 죽지 않고 살아야 하기에 그 공연을 보기로 결심하고 두 가지 나쁜 짓을 실행에 옮기고 말았다. 첫째는 수업 시간에 무단이탈을 한 것이고, 둘째는 영어 참고서 산다고 거짓말을 하고 부모님께 어렵게 받은 돈으로 공연 티켓을 구입한 것이다.

요란하게 울려 퍼지는 신시사이저 소리가 고막을 찢을 듯 시끄러웠지만, 나는 1시간 30분 동안 세상 모든 고민을 다 내려놓고 미친 듯이 소리 지르고 박수를 치며 즐겼다. 그것이 내 인생에 처음 있었던 콘서트 관람이었고, 동시에 성공적인 일탈이었다.

일탈은 두려움을 주기도 하지만 또한 묘한 설렘 같은 것 심지어 스릴까지 느끼게 한다. 친구들은 그 시간에 잠의 미망 속을 헤매게 하는 수학 수업을 듣고 있었을 것이다. 그러나 나는 생애 처음 즐기는 콘서트를 관람하고 있었던 것이다. 얼마나 스릴 넘치는 일인가? 공연히 어깨에 힘이 들어가기까지 했다.

솔직히 그때 그 그룹사운드는 노래를 썩 잘 부르지는 못했다. 고막을 찢을 것처럼 시끄럽기만 했지만 덕분에 막혔던 가슴이 뻥 뚫리는 듯한 쾌감을 제대로 느낄 수 있었다.

공연이 끝났다. 관객들이 앙코르를 외쳤다. 그 순간 그들이 부른 마지막 곡이 바로 김수희의 〈멍에〉였다. 그 곡이 아직까지도 내 가슴을 울리고 있다. 1982년 당시 발표되어 선풍적인 인기를 누렸던 이 곡을 구속 따윈 전혀 모를 것 같은 자유분방한 여섯 명의 청년들이 가슴 저리게도 잘 불렀다. 그 청년들과 너무나도 안 어울리는 노래였지만 묘하게도 잘 어울려 듣고 있던 모든 관객들의 발목을 잡았다. 그 노래 가사처럼 '한동안 떠나지 않으리.'를 같이 따라 부르며 공연이 끝난 뒤에도 객석에 한참이나 앉아 있는 사람들이 많았다.

그때부터 나는 김수희의 〈명에〉를 한 편의 시를 읊조리고 외우듯 그렇게 좋아하게 되었다. 처음이자 마지막으로 꿈꾸었던 일탈, 그 자그마한 일탈이 있었기에 지금의 내가 죽지 않고 살아 있는 것이 아닌가 생각해 본다.

운명이라는 길

운명을 믿는가? 나는 물론 골수분자적 운명론자는 아니다. 그렇지만 인간을 포함한 이 모든 우주를 지배하는 그 어떤 절대적이고 초인적인 힘인 운명을 부정할 자신은 없다. 나도 모르게 운명에 집착하는 모양이다.

어린 시절 나는 또래 아이들이 갖는 값비싼 장난감, 예쁜 옷, 맛있는 음식 등을 추구하는 욕망에는 별 관심이 없었다. 경제적으로 무능한 부모님 덕에 어쩔 수 없이 부모 곁을 떠나 엄한 할머니 밑에서 눈칫밥을 먹고 자란 나는 또래 아이답지 않게 조숙하고 어두운 아이였다.

술고래 할아버지와 무서운 할머니가 아침 일찍 농사일을 나가시고, 여호와의증인인 삼촌이 농사일을 하러 가거나 종교 활동을 하러 나가고, 모르는 것이 없을 만큼 해박하고 얼굴이 예뻤지만 평생 꼽추라는 운명의 틀에 묶여 슬퍼 보였던 고모가 외출하고 나면 할머니 댁에 올곧이 어린 계집애인 나만 덩그러니 남아 있곤 했다. 텃밭에 피어 있는 노란 상추꽃, 하얀 들깨꽃, 보랏빛 가지꽃, 풋고추, 붉은 고추, 단감나무, 떫은 감나무, 석류나무, 돌배나무, 흑돼지, 수탉, 암탉, 병아리, 강아지, 어미개, 제비 가족, 하물며 쇠스랑, 호미, 괭이, 삽, 고무래, 손수레, 절구통까지 내게는 친구가 아닌 게 없었다. 하루 종일 동무 삼아 이야기를 하고 새로운 이야기를 만들어 들려주었다. 하긴 동네 조무래기들을 불러 그 나이 애들처럼 신나게 놀 수도 있다. 물론 그런 적도 있었다. 그러나 그런 날은 일터에서 돌아오신 할머니께 어김없이 매를 맞아야 했다. 재앙을 떨었다는 이유 때문이었다. 예닐곱 살 철부지 애들이 놀다 보면 방이고 마루고 마당까지 어지럽혔다. 심지어 놀다 보면 할머니가 아끼는 항아리를 깰 때도 있었다.

그 후로 할머니는 일터에 나가실 때마다 "아가, 재앙 떨지 말고 집 잘 보그라."와 같이 당부라기보다 내게는 협박처럼 느껴지는 말씀을 빠뜨리지 않으셨다. 재앙 떨면 피 터지게 종아리를 맞는다는 협박 같은 뜻이 숨어 있었다. 처음 한동안은 할머니가 밖에서 대문을 자물쇠로 잠그고 가셨고, 그 이후에는 나로 하여금 안에서 문을 잠그도록 하셨다. 동네 조무래기들이 와서 문 열어 달라고 사정해도 절대 열어주지 말라는 것이었다.

외로움과 심심함에 지쳐가던 어느 순간 내 심장을 쿵쾅거리게 하는 것이 있었다. 그것은 바로 예쁘고 똑소리 나게 해박하면서도 어딘지 슬퍼 보이는 고모가 지내는 방이었다. 책벌레 고모가 쓰는 방이 내 호기심의 대상이었다. 평소 깔끔하고 자존심 강한 고모는 어린 나의 출입을 허용하지 않았다. 고모가 그 방을 들락거릴 때마다 언뜻언뜻 보이는 방 안의 풍경은 내 호기심을 자극하기에 충분했다. 수많은 책과 눈부시게 아름다운 뜨개질 작품들. 보고 싶었다. 용기를 냈다. 고모가 외출한 틈에 살짝 들어갔다가 조용히 구경만 하고 나오면 아무리 감각이 예민한 고모라도 눈치를 채지 못할 것이라는 내 나름의 계산이 있었다. 조심스럽게 방문을 여는 순간 부모님을 그리며 서럽게 살아야 하는 내 불행이 종식될 것만 같아 가슴이 뛰었다. 아아! 수많은 책. 그 책들 사이에 끼어 아무도 모르게 죽어도 좋을 만큼 흥분되었다. 손길 가는 대로 책을 뽑아 읽었다. 동화책이나 읽어야 할 내게 그 책들은 잘 이해되지 않은 부분이 많았지만 몸에 전율이 일도록 행복했다.

다행스럽게도 고모는 눈치를 못 챈 모양이었다. 사흘이 가고 일주일이 되고 10여 일이 흐르면서 어느새 나는 꽤 용감해졌다. 책장 앞에 있는 책들만 손대다가 책장 뒤에 쌓여 있는 책까지 손을 대었던 것이다. 그중의 하나가 내 운명에 불을 지핀 에밀리 브론테의 소설 《폭풍의 언덕》이다. 미친 듯이 읽었고 숨 막히도록 얼굴이 상기되었다. 히스클리프의 광기 넘치는 사랑과 캐서린의 마음을 읽으며 얼마나 가슴 떨렸는지 모른다. 순간 생각했다. 나는 소설가가 될 것이다. 에밀리 브론테 같은 소설가가 될 것이다. 사실 소설가가 무슨 일을 하는 사람인지 정확히는 몰랐다. 그저 막연히 이야기를 만들어 쓰는 사람일 것이라는 게 고작이었다.

그날 밤 나는 잠을 이루지 못했다. 마치 소설가가 되기라도 한 듯 가슴이 쿵쾅거리고 목이 마르기까지 했다. 그것을 나는 운명이라 부르기로 했다. 운명은 나약한 인간인 나로서는 감히 거부할 수 없는 어떤 초인적인 것이라 믿었다.

그로부터 어디든 종이 쪼가리만 있으면 뭐든 끄적거렸고 종이가 없으면 마당에 막대기로 뭔가 끄적거리는 버릇이 생겼다.

중학교 2학년 때 내가 다니던 여학교에 새로 오신 국어과 양귀자 선생님(소설가)의 영향으로 나는 소설가의 꿈을 굳혀갔다. 여고 시절에는 신춘문예 시즌만 되면 무병 앓는 사람처럼 앓았고, 심심찮게 들어오는 친구들의 연애편지 대필 작업으로 꽤 바빴다. 국문과에 진학하고 싶었으나 가정 형편상 졸업과 동시에 안정된 직업을 얻을 수 있는 사범대 국어교육과에 진학하여 공부를 하면서도 소설 창작에 대한 목마름으로 꽤 괴로웠다.

그러던 어느 날 교생실습을 마치고 지도교수이자 소설가인 문순태 교수님을 찾아뵙고 이야기를 나누던 중 교수님은 내게 시간을 좀 줄 테니 소설 두 편을 써오라 하시는 것이었다. 당혹스러웠다. 뭔가를 끊임없이 쓰고는 있었지만 미완성인 채로 원고지를 구겨 던지며 잠 못 이루던 밤만 많은 나로서는 진땀 나는 일이었다. 그때 교수님이 내 귀에 남긴 짧은 한마디가 50이 넘은 이 나이에도 잊히지 않고 있다.

"혜련아, 너는 맺힌 데가 많게 생겨서 소설 써야 해. 소설 써야 살아. 알았지."

맺힌 것을 풀어내는 씻김굿 같은 게 소설이라는 것이었다. 그런데 나는 아직도 그 맺힌 것을 풀어내지 못하고 있다. 소설을 쓰지 못하고 있다. 어쭙잖게 시를 쓰고 있다는 자기 합리화로 게으른 나를 묵인하고 있는 것이다.

그러나 정녕 꿈을 포기한 것은 아니다. 가슴 속에 고질병처럼 남아 있다. 아니 쉽게 들어낼 수 없는 엄청 큰 암 덩어리처럼 가슴 깊이 자리 잡고 있다. 언젠가는 소설을 꼭 쓸 것이다. 그 언젠가를 나는 명예퇴임 후 1년 지난 그 순간이라고 계산하고 있다. 명퇴하고 1년은 아무것도 안 하고 그저 무작정 쉴 것이다. 30여 년의 교직생활에서 모든 에너지를 소진시켜 버린 지친 나를 위해 1년간은 아무것도 하지 않고 무작정 쉴 예정이다. 그리고 1년이 지나고 나면서부터 서서히 소설을 쓰기 시작할 것이다. 맺힌 것을 풀어내는 씻김굿에 온 몸을 던져버린 만신처럼 그렇게 쓸 것이다.

"아가, 에미가 니 어릴 때부터 어디 용허다는디 다 찾아댕기면서 니 사주 넣고 물어보믄 니는 항상 붓대 잡고 살 팔짜라 카드라."

어린 시절 어머니가 들려주시던 이 말씀이 오늘 밤 이 글을 쓰는 내 가슴을 또 한 번 쿵쾅거리게 한다. 정녕 내게 꿈은 운명 같은 것이다.

울지 않는 아이

유아기 때부터 나는 눈물 흘리는 일에 몹시 인색했다 한다. 일명 울 줄 모르는 아이로 동네방네 소문이 자자할 정도였다.

부잣집 막내딸인 어머니는 가난한 농촌 마을 장남한테 시집온 지 만 4년이 넘도록 아이를 낳지 못했다. 할머니는 김 씨 문중의 대가 끊어지겠다며 어머니를 구박하고 모진 시집살이를 시켰다. 자식새끼도 못 낳는 주제에 밥이나 축낸다며 밥그릇은 물론 밥숟가락까지 빼앗기 일쑤였다.

고된 시집살이와 모진 구박 속에서 결혼 4년 만에 얻은 자식이 바로 나였다. 그때부터 할머니의 구박은 더 심해졌고 어머니는 그로부터 3년 후 남동생을 낳을 때까지 속울음으로 살아야 했다.

"가시내 새끼 셋은 나야 머시매 날끄다. 나 거트먼 미안혀서 미역국이 목구녕에 안 넘어가것그만 잘도 쳐묵네."

할머니는 나를 낳아놓고 미역국을 먹는 어머니가 보기 싫었던지 미역국이 반쯤 남은 국그릇을 빼앗아 가 버렸다.

산후조리도 제대로 못하고 몸 푼 지 일주일 만에 다시 농사일을 해야 했던 어머니. 꽁보리밥 한 술 찬물에 말아 먹고 하루 종일 콩밭, 무밭, 목화밭을 맸던 어머니. 그때 어머니 소원은 딱 한 가지뿐이었다. 제발 갓난쟁이인 내가 많이 울어줘서 젖을 먹인다는 핑계로 조금이라도 쉬고 싶은 마음 그것 한 가지였다 한다. 오죽이나 힘들었으면 내가 울어주는 것이 유일한 소원이었을까.

그런데 어찌 된 아기가 아침 일찍 젖 한 번 먹여놓으면 하루 종일 울지도 않고 잠만 자는 것이 아닌가. 젖몸살이 나서 고생할 정도가 되어도 아이는 젖 달라고 보채는 법 없이 잠만 잤다 한다.

"그땐 니가 얼매나 야속혔는지 니는 모를 꺼다. 고생이라곤 모르고 자란 내가 가난한 집에 시집와서 하루 죙일 농사일허고 부엌일 허고 증말 사는 것이 아니었당께. 지금 생각혀도 징글징글 허다. 징글 몸써리가 나야. 니라도 울어주먼 젖 멕인다는 핑계로 좀 쉴 수도 있을 턴디 니는 징허게 울덜 않드라. 밭일을 마치고 저녁에 집에 들어오믄 니는 오줌이 머리 꼭대기꺼정 흥건허게 되어 있어도 쌔근쌔근 잠만 자고 있드라. 그땐 니가 징허게 밉드라. 남편 복 읎는 년은 자식 복도 읎는갑다 싶어 죄 읎는 니를 한 구텡이 쥐어박아 울려버릴까 그런 생각꺼정 헌 적 있당께."

어머니는 정수리에 새치가 고향집 뒷산 억새풀처럼 흩날리는 내 머리카락을 쓰다듬으며 젖은 목소리로 말을 잇곤 했다.

"할머니 안 보실 때 나 때려서 울리지 그랬어? 그랬으면 엄마는 좀 쉴 수 있었을 테고 나는 최악의 음치는 안 되었을 거 아냐? 어렸을 때 많이 울어야 노래를 잘 부른다잖아."

나는 애써 철부지 딸처럼 싱거운 소리를 해본다. 그때 난 왜 울지 않아서 어머니를 더 힘들게 했을까? 또래 아기들처럼 울어댔다면 어머니는 징글징글한 세상이라 다시는 기억하기도 싫다고 하시지는 않았을 텐데.

생각해 보면 울 수 있다는 것은 신이 인간에게 준 축복인지도 모른다. 한바탕 눈물을 펑펑 흘리고 나면 얼마나 개운한지 말하지 않아도 알 것이다. 그런데 공교롭게도 나는 울지 않는 아이라는 주문에 걸려 초등학교는 물론 중고등학교 심지어 대학을 졸업할 때까지도 우는 일이 없었다. 슬픈 일이 있어도 나 자신도 모르게 눈물을 참는 것에 익숙해 있었다. 그것이 정녕 고통이었음에도 울지 않았다. 그게 나았으니까.

그러던 내가 지천명의 입구에 서 있는 요즘엔 무서운 주문이 풀리기라도 한 듯 판에 박힌 드라마 한 장면을 보고도 안경이 뿌옇게 되도록 눈물을 쏟아낸다. 드라마 속에서 연인들이 헤어지는 것만 봐도 눈물이 주책없이 흐르고 주인공의 아버지가 외로운 병상에서 홀로 죽어가는 것만 봐도 한없이 눈물이 흐른다. 그렇다면 이것은 신이 뒤늦게 나에게 내린 축복일까?

팔팔의 두 얼굴

2013년 3월 30일 토요일, 그녀는 가녀린 몸으로 내 어깨를 감싸며 따뜻하게 안아주었다.

"김 선생, 그리 아파하지 말고 수술해요. 우리 며느리도 어깨가 아파서 고생하다가 수술했는데 요새는 살 것 같다고 합디다."

팔마문학회 3월 정기모임을 그녀의 집에서 하던 날, 주방에서 설거지를 하다 어깨를 두드리고 있는 나를 발견하고 사연을 묻더니 친정어머니처럼 따뜻한 가슴으로 다가와 감싸안아 주었다. 사실 나는 지난 1년 반가량을 어깨 통증으로 심신이 위축되고 삶의 질이 떨어진 상태로 살고 있다. 물론 병원 치료를 받고 있긴 하나 그다지 효과는 없다. 병원에서 수술을 권한 것이 꽤 오래되었지만 한사코 수술을 거부하고 기나긴 통증을 감수하고 있는 나 자신이 내가 생각하기에도 답답하긴 하다. 나는 수술이 무섭다. 몇 년 전에 6시간에 걸친 큰 수술을 받은 적이 있기에 내게 수술은 공포에 가깝다. 날마다 어깨 통증 때문에 입술을 깨물면서도 수술을 거부하고 있는 내 마음을 진심으로 헤아리며 어깨를 토닥여 주는 그녀의 손길에 하마터면 눈물을 쏟을 뻔했다.

"김 선생, 일도 중요하고 가족도 중요하지만 제일 중요한 것은 자기 몸이요. 그걸 잊으면 안 돼요."

그랬다. 그녀의 말은 친정어머니의 그것과 놀랄 만큼 닮아 있었다.

"딴 것 다 필요읎따. 니 몸부터 챙기라잉. 니만 보면 짠해 죽것다."

날마다 직장 일, 가사일 등으로 정신없이 하루를 보내느라 이곳저곳 안 아픈 곳이 없는 나를 보고 친정어머니는 울먹이곤 했다. 친정어머니의 그런 말을 들을 때마다 설움에 복받쳐 쏟아질 듯한 눈물을 삼키느라 애를 쓰곤 했는데 그날 그녀의 포옹과 살가운 한마디가 나를 또 그렇게 만들었다.

그녀 윤광진! 나에게 그녀는 정 많고 따뜻하다는 점에서 친정어머니 같은 존재이다. 내게는 두 분의 어머니가 계시다. 오직 딸의 건강과 행복만 걱정하는 친정어머니와 자신의 아들을 최고라고 생각하는 시어머니가 그들이다. 그런데 공교롭게도 시어머니의 연세가 88세로 윤광진 여사와 동갑이다. 그래서인지 윤 여사를 볼 때마다 시어머니를 떠올리며 비교 아닌 비교를 하며 시어머니가 윤 여사 같았으면 얼마나 좋을까, 하고 부러워한 적이 한

두 번이 아니다. 두 사람 다 나이는 같은데 어쩌면 그리도 다를까? 윤 여사는 곱고 교양이 있으며 상대방의 마음을 헤아리며 따뜻하게 배려할 줄 안다. 그러나 시어머니는 제도권 교육을 전혀 받지 못하고 평생 일만 하다 한이 맺히고 심신이 모두 늙고 병이 든 전형적인 시골 할머니로 교양과는 거리가 먼 사람이다. 그래서인지 나를 이해하고 따뜻하게 사랑해 주기보다 뭔가 항상 못마땅해하며 윽박지르고 야단치기가 다반사이다. 티끌 한 점 없는 고운 시를 써서 수줍게 낭송하는 윤 여사와 살림 하나 제대로 못한다고 구박하는 시어머니를 볼 때마다 나는 팔팔이라는 숫자의 두 얼굴을 떠올리곤 한다. 오래전에 쓰러져서 무려 7년 동안이나 병원과 요양원을 오가며 누워 지내는 시어머니와 늘 건강한 모습으로 아름다운 시를 쓰다 당신의 정갈한 모습처럼 조용히 생을 마감한 윤 여사, 이들이 바로 팔팔의 두 얼굴이 아닌가 싶다.

우리들 곁에 오래오래 머무를 것 같았던 만년 문학소녀 윤광진 님의 죽음을 애도하며 그녀의 명복을 빈다. 우리가 알 수 없는 저 하늘 어딘가에서 지금 이 순간도 순백의 시심을 지피고 있으리라 믿는다.

아버지를 찾으러 가는 길

"백 년 원수 천 년 원수 아이고 내 팔자야. 술 처묵고 쩌그 어디 뻬드러져 잇는 갑다. 언능 동생 덱고 가서 느그 아부지 찾아오그라."

방과 후에 담임 선생님 일손을 도와드리다가 땅거미가 뉘엿뉘엿 넘어갈 때쯤 집에 돌아왔더니 여느 때처럼 행상을 마치고 돌아온 어머니가 넋두리를 섞어 대성통곡을 하고 있었다.

나의 아버지, 우리 아버지!

내 유년 시절의 방과 후 시간은 아버지를 찾아 헤맨 기억밖에 없다고 생각될 만큼 아버지를 찾으러 다닌 적이 많았다.

유년 시절 내 눈에 비친 아버지는 무능력하고 무기력했다. 할머니는 오죽했으면 결혼까지 한 종갓집 장남인 아버지를 매몰차게 쫓아내 버렸을까? 아버지는 오두막집 작은 방 한 칸을 빌려 아직 코흘리개인 남동생 둘을 데리고 쫓겨났다. 부모님과 동생들은 쫓겨났고 나 혼자 할머니 슬하에 남겨져 초등학교 들어가기 직전까지 부모와 떨어진 채 어두운 유년 시절을 보냈다. 슬프게도 내가 할머니 슬하에 남게 된 것은 나에 대한 할머니의 사랑 때문이 아니고 아버지가 쫓겨 나가는 그 오두막의 작은 방 한 칸에 어린 내 몸이 들어갈 수 없을 만큼 좁았기 때문이다.

무능력한 아버지로 인해 어쩔 수 없이 생활력이 강해진 어머니는 옥수수, 배, 김, 다시마, 멸치, 마늘 등 그 계절에 맞는 품목을 산지에 가서 도매로 떼 와서 시골의 오일장을 돌아다니며 팔았다. 그 덕분에 초등학교 입학할 무렵 낡고 허름한 집이나마 아버지 명의로 된 집을 장만한 어머니는 제일 먼저 할머니 슬하에서 눈칫밥을 먹으며 잔뜩 주눅 든 채로 사는 나를 데려갔다.

아아, 그때의 그 감격. 초등학교 1학년인 나로서는 감당하기 힘든 전율과도 같은 것이었다. 비록 두 남동생과 한방을 써야 했지만 내 부모 밑에서 보리밥 한 숟갈이라도 먹을 수 있다는 눈물겨운 감격이었다. 그러나 그 감격도 잠시 나는 할머니 슬하에서 눈칫밥 먹던 그 옛날이 더 좋았다는 생각에 그 시절이 그립기까지 했다. 그도 그럴 것이 나는 행상 나가서 밤늦게 돌아오는 엄마를 대신하여 어린 동생들을 돌봐야 했고 보리쌀을 끓여서 밥을 지어야 했고, 집 안 청소, 빨래 등을 해야 했다. 그렇지만 그 많은 것들보다 나를 더 못 견디게 만든 것은 따로 있었다. 그것은 아버지를 찾으러 다니는 일이었다. 죽기보다 싫은 그 일. 차라리 죽고 싶었다. 아버지는 배추가 소금에 절여 있듯 술에 절어 살았다. 술을 마시지 않는 날은 손가락을 꼽을 정도로 드물었다. 술만 마시면 누군가와 시비가 붙어 싸우거나 얻어맞고, 그도 아니면 길바닥이고 도로변이고 구분하지 않고 잠들기 일쑤였다.

  그날도 그랬다. 아직 첫눈이 내리지는 않았지만 아침에 일어나면 텃밭에 하얀 서리가 융단처럼 깔리는 초겨울이니 술 먹고 길바닥에서 잠든 아버지를 그대로 방치한다면 체온 저하 내지 얼어서 죽을 것이다. 리어카를 끌고 초등학교 저학년생인 남동생을 재촉하여 시장통으로 갔더니 아버지는 어김없이 시장통 쓰레기 더미 옆에 잠들어 있었다. 그렇다고 아버지가 시장통에서만 잠드는 것은 아니다. 물론 오일장인 날은 십중팔구 시장통에 잠들어 있었다. 내가 다니던 학교 길목에 쓰러져 잠들 때도 있고, 읍사무소 근방이나 마을 회관 근처, 심지어 하수구가 흐르는 도랑가에서 발견할 때도 있다. 여러 곳 중에서 나를 가장 참혹스럽게 만드는 것은 내가 학교 가는 길목 아니 학교에서 집으로 돌아오는 길목에 누워 잠들어 있는 아버지를 발견할 때이다. 친구들이 한꺼번에 우르르 하교하는 그 길에서 친구들의 웅성거림을 들으며 아버지를 마주해야 한다는 것은 벼랑 끝에 선 절망감보다 더 강렬한 것이다. 그때마다 나는 어머니가 주문처럼 외우고 다니는 말을 떠올리며 부끄러움과 절망감으로 치를 떨어야 했다.

"이 징글징글헌 웬수야, 요러케 살라먼 차라리 데져뿌러라. 에편네는 한 푼이라도 더 벌라고 점심도 쫄쫄 굶음스롱 모가지 빠지게 물건 이고 다니면서 포니라고 성한 곳이 읎는디 서방이라고 하나 있는 거슨 허구한 날 술만 퍼마시고 있으니 뭔 재미로 산다냐? 소리 안 나는 총이 있으면 진작에 쏴 부럿을 꺼여."

 이런 식의 어머니의 신세 한탄은 우리 남매의 귀에 딱지가 앉아 단단한 각질 속 티눈이 될 만큼 아프고 아픈 슬픈 주문이었다. '소리 안 나는 총이 있으면 쏘아버리고 싶다.'라는 어머니의 말이 그 순간 어린 내 몸을 휩싸고 돌았다면 사람들은 과연 이해라는 것을 할 수 있을까. 하교하는 친구들이 다 사라질 때까지 한쪽 귀퉁이에 숨어 있다가 그들이 사라지면 잔뜩 겁먹은 모습으로 주변을 두리번거리며 아버지 앞에 나타나 아버지를 깨워서 부축하고 걷는 그 길은 아마도 지옥으로 가는 길과 다름이 없을 것이다.

 어린 시절 내가 기억하는 청소부인 아버지는 아버지가 누워 있는 곳의 배추 쓰레기, 생선 쓰레기와 닮아 있었다. 그래서 나는 아버지를 몹시 미워했다. 아버지를 부끄러워했다. 차라리 아버지가 없었다면 짝꿍 정태처럼 커다란 급식 빵을 공짜로 받을 수 있는 행복감을 누릴 수 있었으리라.

 할아버지가 돌아가시고 홀로 된 할머니를 모시면서부터 아버지는 그 좋아하던 술도 끊고 새사람이 되어 가정에 충실했다. 온순하고 자상한 아버지로 우리들 곁에 다가와 있었지만 아버지로 인해 어린 날에 입은 마음의 상처는 도무지 지워지지 않았다. 그런 아버지로부터 도망치듯 결혼한 나는 술주정하는 아버지를 더 이상 안 봐도 되어 살 것 같았다.

2009년 폭염의 정수리 지점인 8월 23일, 화순전남대병원에서 6시간에 걸친 큰 수술을 받은 나를 위해 아버지는 두 달 동안이나 곁에서 나의 팔다리가 되어 병간호를 극진히 해주었다. 아아, 아버지! 그토록 미워했던 아버지. 하룻밤에도 몇 번씩 소리 안 나는 총이 있으면 쏴버리고 싶다는 충동에 나를 미치게 만들었던 아버지. 그 아버지가 나를 살리기 위해 6인 병실의 그 불편한 잠자리를 마다하지 않으며 대소변 다 받아내며 눈물겹게 병간호하던 72세의 늙은 아버지. 아버지의 극진한 병간호 덕분인지 나는 죽음의 문턱에서 살아 나와 다시 일상으로 돌아왔는데 아버지는 이듬해 3월에 그만 다시는 못 올 먼 곳으로 가고 말았다.

아버지는 어쩌면 자신의 목숨과 내 목숨을 바꾼 것인지 모른다. 태어나서 처음 맛보았던 아버지의 눈물겨운 사랑. 아버지는 나를 이 땅에 태어나게 한 순간부터 돌아가시기 직전까지 나를 사랑했던 것이다. 힘겹게 잠든 아버지가 깰까 싶어 병석에 누워 신음 소리를 참다가 어쩌다 나도 모르게 신음 소리를 내면 아버지는 귀신처럼 일어나 내 손을 잡고 간호사를 불러오고 내가 잠들 때까지 뜬눈으로 머리맡을 지켰다. 굵은 주름살, 구부정한 어깨, 윤기 잃은 흰 머리카락의 그런 아버지를 눈물이 나올 것 같아 애써 외면하며 나는 '내가 왜 이런 사람을 그토록 미워했을까.'를 되뇌며 마음속으로 울었다. 아버지에 대한 연민으로 내 몸을 휩쓰는 극도의 통증을 달래곤 했다.

얼마 전 어머니 혼자 계시는 친정집에 다녀왔다. 아버지에 대한 어머니의 회한이 지금껏 나를 울리고 있다.

"니 수술해야 산다는 이야기 듣고 느그 아부지가 화장실에서 혼자 을매나 울었는지 니는 모를 꺼다."

"……."

"무슨 수를 써서라도 딸내미 살리야 쓴다고 저녁내 잠 한심 못 자던 느그 아부지 잊어뿔면 못쓴다."

어린 시절 술 마시고 아무 데서나 잠든 아버지를 찾기 위해 걷던 그 막막하고 절망스럽고 참혹하던 기억을 이제 이 글을 쓰면서 지우려고 한다. 병든 딸의 머리를 감기고 수술 부위에 물이 들어가지 않게 온 신경을 쓰며 목욕을 시켜주던 아버지. 그렇게 따스하던 아버지만을 기억하며 오늘 밤에는 아버지가 좋아하는 조기 매운탕과 싱싱한 산낙지 탕탕이를 정성스럽게 준비하여 꿈속 아버지를 만나러 가야겠다.

'아버지, 오늘 밤 꿈속에 꼭 와주세요. 사랑합니다, 아버지!'

악몽

가슴이 뛰었다. 7년간의 방안통수의 생활을 모두 청산하고, 껍데기를 깨고 나오는 병아리처럼 세상으로 나왔다. 그토록 기다리던 초등학생이 된 것이다.

아직 겨울 추위가 가시지 않은 운동장에서 입학식이 진행되고 있었다. 입성이 초라한 아이들이 3월의 꽃샘바람에 콧물을 훌쩍거리며 입학식이 끝나기를 기다리고 있을 때, 나는 그의 존재를 처음으로 인식할 수 있었다. 나는 대공밀대라는 별명에 걸맞게 속이 텅 빈 대나무처럼 삐쩍 마른 채 다소 기형적일 만큼 키만 컸다. 예상했던 대로 나는 입학생들 중에 가장 뒷자리에 서야 했다. 그런 나의 눈에 붉은 도장을 꽝 찍어버린 그의 존재. 묘한 떨림이었다. 어쩌면 세상에 태어나서 처음으로 경험하는 감정일지 모른다. 감색 양복 정장을 맵시 있게 차려입은 키가 큰 그가 오른쪽 줄 맨 첫 번째 자리에 서 있었던 것이다.

　1973년 3월 5일 시골 운동장에 모여 서 있는 초등학교 입학생들의 모습은 다들 약속이나 한 것처럼 비슷했다. 낡고 초라한 옷차림새, 몇 번이나 꿰맨 흔적이 겉으로 드러나 있는 양말, 어설프게 접은 구김이 있는 손수건을 가슴에 달고 추위에 떨던 모습이 그렇다. 그런데 그는 말쑥한 양복 정장에 스포츠형 머리를 하고 보기 좋게 서 있었던 것이다. '어떤 아이일까? 누굴까?'

　운동장 오른쪽 놀이기구들이 놓인 그곳에 몸뻬 차림의 화장기 없는 시골 아낙들이 논밭에서 일하던 차림새 그대로 학부모라는 이름으로 추위에 떨고 서 있었다. 나의 어머니 역시 그들 속에 섞여 있었다. 무릎 부분이 유난히 돌출된 다 낡은 몸뻬, 계절에 어울리지 않은 파란색 플라스틱 슬리퍼, 빠글빠글 아줌마 파마를 한 엄마의 모습. 나는 외면하고 싶었다. 그것이 처음이자 마지막인 학교 방문이었다. 아아, 그런데 바로 초라한 엄마 옆에 너무도 화려하게 치장한 귀부인이 서 있었다. 모피코트를 걸치고 명품가방을 들고 빛나는 뾰족구두를 신은 시골에서는 좀처럼 찾기 힘든 모습이었다.

　입학식이 끝나고 교실로 들어와서 정해진 자리에 앉았다. 놀랍게도 내 자리는 2분단 두 번째 오른쪽 자리였다. 키순으로 한 거라면 나는 맨 뒤에 앉아야 맞다. 무슨 영문인지는 모르지만 어쨌든 앞자리에 앉게 되었다는 것이 기뻤다.

감색 양복 정장을 맵시 있게 차려입은 빨간 나비넥타이의 그 아이. 내 옆으로 성큼성큼 걸어오는 그 아이. 심장이 급하게 뛰었다. 반짝반짝 윤이 나는 명품가방을 내 왼쪽 자리에 내려놓는 그 아이. 심장이 내려앉는 것이 아니라 쪼그라드는 듯했다. 언청이. 그는 언청이였다. 사실 당시 우리들은 언청이라는 세련된 표준어보다 '째보'라는 여과되지 않은 말밖에 몰랐다.

"멋있는 옷을 입은 놈이 째보였네. 어메, 째보였어."

아이들의 수군거리는 소리가 등 뒤에서 속삭이듯 들려왔다. 책상 모서리를 신경질적으로 툭 차며 인상을 구기는 그 아이.

그 아이와의 만남은 그렇게 시작되었다. 김정현. 녀석의 이름이다. 공교롭게도 내 남동생의 이름과 똑같았다. 자리에 앉자마자 녀석이 처음으로 한 일은 책상 위에 금을 긋는 작업이었다. 그때는 책상 하나에 의자가 2개, 즉 책상 하나에 두 명이 앉았다. 붉은 색연필로 줄을 긋고 칼로 홈을 파는 쉽지 않은 작업이었다. 책상의 ⅗는 녀석의 몫이었고 나머지 ⅖은 나의 몫이었다. 누가 봐도 분명 불공평한 분배였다. 그러나 나는 녀석이 어떤 유의 인간인지 알 수 없어 조용히 참았다. 그날부터 시작된 녀석의 비상식적인 행동 아니 만행은 헤아리기 힘들 만큼 많았다.

육면체의 연필과 달리 둥글기만 한 붉은색 색연필이 녀석이 파놓은 홈을 넘어 녀석의 책상 위로 굴러가면 녀석은 30센티미터 자로 내 손등을 사정없이 갈겼다. 눈물이 핑 돌 만큼 손등이 얼얼해서 한동안 오른손이 굳어지는 듯한 아픔을 느껴야 했다. 미술 시간에 4절지 도화지가 어쩔 수 없이 그 금을 넘어가면 녀석은 잘 드는 연필 칼로 그 금을 넘어간 만큼 나의 도화지를 잘라 버렸다.

　무서웠다. 고급스러운 옷과 화장으로 화려하게 치장하여 입학식 날 사람들의 시선을 끌었던 그 여자가 예상대로 그 아이 엄마였다. 그 여자는 날마다 선물 꾸러미를 들고 담임 선생님을 찾아왔다.

　받아쓰기 시험을 보는 날, 나는 내 이름을 잠시나마 잊어야 했다. 대신 그 아이의 이름을 써야 했다. 그 아이는 내 이름을 썼다. 나는 60점이다. 그 아이는 100점이다. 방과 후에 나는 남아서 틀린 것을 100번 써야 했고 재시험을 봐야 했다.

　리본이 새겨진 검정 고무신만 신던 내게 어느 날 엄마는 빨간 바탕에 노란 도널드 덕이 그려진 도널드 덕 구두를 사 주셨다. 얼마나 행복하던지 나는 그 구두를 머리맡에 두고 잠을 잤다.

　다음 날 그 구두를 신고 학교에 가는데 세상 모든 사람들이 내 구두만 쳐다보는 듯했다. 신발장 내 번호에 넣어두고 쉬는 시간마다 보고 싶은 내 구두의 존재를 확인하며 행복했다. 그런데 세상에 이럴 수가……. 수업이 끝나고 집으로 돌아가려고 신발장 앞에 선 나. 다리가 푹 꺾였다. 눈앞이 하얗게 변했다. 어지러웠다. 그토록 아끼던 그토록 날 행복하게 해주던 도널드 덕 구두가 사라진 것이다. 울며불며 찾아 헤맸지만 끝내 찾을 수 없었다. 나는 눈물 콧물로 얼굴을 도배하며 맨발로 30분이 넘는 거리를 걸어서 집으로 돌아와야 했다.

"병신 밑자리 거튼 년아, 지 신발 하나 건사하지 못헌 년이 학교는 댕겨 뭐 해. 손꾸락이 터지게 일해서 큰맘 묵고 사 준께 하루를 못 넘기고 잊어쁘러 이 빙신아 나가 데져라. 차라리 데져라."

어머니의 악담과 매질 속에서 나는 울 수도 없었다.

며칠이 지난 어느 날 학교 화장실 뒤편에서 면도칼로 갈가리 잘린 도널드 덕 내 구두 한 짝이 발견되었다. 더 충격적인 것은 나머지 한 짝이 푸세식 화장실에 반쯤 박혀 있었다는 사실이다. 그 짓을 한 사람이 누구일까? 죽일 수만 있다면 찾아내서 죽이고 싶었다.

"니는 검정 고무신이 딱이다. 니 주제에 무슨 구두냐? 가난뱅이 청소부 딸 주제에……. 내가 안 어울릴 것 같애서 니 구두 화장실에 던져버렸다. 잘했지?"

놈은 언청이 특유의 혀 짧은 목소리로 이죽거렸다. 정말이지 죽여버리고 싶었다. 그러나 나는 마음만 앞섰을 뿐 아무런 행동도 하지 못한 채 속울음만 삼켜야 했다.

만행의 끝은 어딜까? 그런 것이 있기는 한 걸까? 놈은 내리 3년 동안 같은 반이었다. 우연인지 놈이 갖고 있는 튼튼한 배경 때문인지 나는 아직도 모른다.

3학년 가을날 놈이 있는 학교에 가기 싫어 용을 쓰다가 등교를 하는데 교문 앞에서 아이들이 모여 웅성거리고 있었다. 호기심이 많은 나는 방금 전까지 학교 오기 싫다는 마음은 온데간데없어지고 웅성거리는 아이들 틈으로 몸을 밀어 넣었다.

　아아, 거기엔 내가 보지 말아야 할 것이 온갖 모욕을 다 참으며 나부끼고 있었다. 내 일기장이 벌거벗은 여인이 되어 교문 양쪽에 너덜너덜 붙어 있었던 것이다. '참 잘했어요.'라는 선생님의 도장 옆에 입에 담기도 싫은 낙서들이 벌써 걸레처럼 너덜거리고 있었다. 놈의 짓이다. 어떻게 이럴 수 있을까? 내 치마를 걷어 올리는 것 따위는 차라리 덜 창피했다. 그렇지만 나라는 한 인간을 발가벗겨 교문 통에 전시한 것 같은 이 충격적 경험은 나를 두 번 세 번 죽이는 행위가 틀림없었다. 놈은 하얗게 질린 내 얼굴을 보며 이죽거리고 있는지 모른다.

　나는 항상 참았다. 아니 참아야 했다. 가난한 술주정뱅이 청소부 딸인 나는 혼자 울음 삼키며 참아야 했다. 3년이라는 그 긴 시간은 죽음보다 어둡고 무거웠다. 내가 할 수 있는 것이라곤 고작해야 꿈속에서 녀석의 가슴에 칼을 내리긋는 것뿐이었다.

　불혹을 넘긴 이 나이에도 나는 그 시절의 악몽을 지우지 못하고 있다. 세상을 향한 첫걸음이 온통 시커먼 악몽이었다. 그는 언청이였다. 그는 단순히 입술만 째진 언청이가 아닌 마음이 째진 봉합이 불가능할 만큼 갈기갈기 찢어져 있는 정신적 기형아였다.

만만한 나를 괴롭힘으로써 자신의 신체적 콤플렉스를 숨기려 했을 것이다.

이 글을 쓰는 내내 초등학교 3년간을 다시 경험하는 것 같아 온몸이 떨리고 아팠다. 그도 이젠 불혹을 넘기고 스무 살 정도의 아들딸이 있는 중년의 가장으로 살고 있을 것이다. 요즘같이 성형술이 발전한 시대이니 감쪽같이 수술을 해서 정상인으로 잘 살고 있을지도 모른다. 그래서 혀 짧고 발음 새는 말소리가 아닌 따뜻하고 부드러운 목소리로 자녀들에게 말하는 멋진 아버지가 되었을 수도 있을 것이다. 나는 기도한다. 철부지 어릴 땐 녀석이 죽기를 기도했지만 이제는 부디 언청이인 외모를 고치기보다 마음의 언청이를 성형수술하여 자신을 사랑함은 물론 타인에게 사랑을 베푸는 따뜻한 사람으로 살아주기를 기도한다.

불쌍한 놈아, 이제 나는 너에 대한 질긴 미움을 이 글을 마침과 동시에 정말 깨끗하게 지우려 한다. 그래서 진정한 마음의 자유를 얻고자 한다. 잘 살아라.

마지막 길 비 내리다

생각해 보면 나는 비와 인연이 남다른 듯하다. 지인들이 내게 비를 몰고 다니는 여자라는 애칭 아닌 애칭을 붙여준 지 오래다. 멀쩡한 날씨였다가도 그곳에 나만 나타나면 어김없이 비가 내리곤 했다. 심지어는 맑은 날 지인들과 함께 길을 걷는데 그들 중 한 사람도 비 한 방울 맞지 않았는데 믿을 수 없게도 나 혼자 비를 맞을 때가 종종 있다.

어린 시절 어머니께서 이런 말씀을 자주 하셨다. 비 오는 날 머리를 감으면 반드시 비 오는 날 부모 초상을 치르는 법이라고. 나는 그때 어머니의 그 말씀을 귀담아듣지 않았다. 과학적 근거 없는 미신 따위로 치부해 버렸던 것이다. 공교롭게도 비 오는 날만 되면 머리가 가려워서 감지 않고는 버텨낼 재간이 없었던 것이다. 그래서 나는 맑은 날보다 비 오는 날 머리를 감았다.

그런데 그것이 단순히 미신이 아니고 사실 아니 진리라는 것을 20~30년의 세월이 흐른 뒤에야 비로소 직접 확인할 수 있었다. 그랬다. 2010년 3월의 마지막 날 나는 그것을 눈이 짓무르도록 가슴이 터지도록 경험할 수 있었다.

아버지의 죽음. 너무도 갑작스러운 아버지의 죽음이 그것이다. 3월 29일 그날은 전날보다 비교적 따뜻하고 화창한 날씨였다. 그날 아버지는 논두렁 다듬기를 하신 후 준비해 간 찬 도시락을 드시고 호흡 곤란을 일으켜 결국 몇 시간 만에 허망하게 돌아가셨다 한다.

아버지의 장례를 치르는 날 아침부터 비가 쏟아졌다. 비 혼자는 외로웠던지 바람까지 대동하고 거침없이 아니 미친 듯이 비바람이 몰아치고 쏟아졌다. 단체 구입한 비옷조차 비바람 앞에서는 아무 쓸모가 없었다. 살갗에 부딪히는 빗방울은 얼음 알갱이처럼 차갑게 박혔다.

장례식장에서 이틀을 울었지만 아직도 눈물이 마르지 않았는지 아버지의 시신을 모신 검은색 리무진의 지붕 위에 거친 빗방울이 후드득거리자 그 빗줄기만큼이나 거침없는 눈물이 또다시 쏟아졌다. 생전에 리무진이라는 존재 자체를 모르셨던 아버지. 택시비가 아까워 택시 한번 못 타셨던 아버지. 시내버스비가 아까워 걷는 것을 자주 하셨던 아버지. 그 아버지가 죽어서 리무진을 타셨다. 그런데 하늘은 그것조차 시샘이 났던지 비바람을 보내 온갖 방해를 했다. 얼마나 혹독한 비였는지 리무진의 바퀴가 제대로 움직이지 않고 부릉부릉 용을 쓰기만 했다. 천신만고 끝에 아버지가 몸을 누일 시립묘지 한 뼘 정도의 땅으로 간신히 이동할 수 있었다. 비를 막기 위해 미리 쳐놓은 포장이 위태로워 보였다. 인부들이 미리 와서 관이 들어갈 공간을 파고 있었다. 그곳에 아버지의 관을 내리자 기다렸다는 듯이 광풍과 함께 공포에 가까운 비가 쏟아졌다. 아아, 아버지의 한이 이토록 깊었단 말인가. 가슴에 쌓인 한이 얼마나 많았으면 관을 내려놓기 무섭게 땅을 뚫고 하늘을 뚫고 이곳에 모인 사람들의 가슴까지 파헤치며 비가 되어 쏟아지는지. 나도 모르게 수없이 아버지를 불렀다.

"아버지, 아버지! 사랑합니다. 사랑했습니다. 사랑합니다. 아버지!"

흐르는 눈물은 닦을 새도 없이 거침없이 쏟아지는 빗줄기에 섞여버렸고 얼어붙은 몸은 떨렸다. 자갈이 섞인 거친 흙을 한 삽 떠서 아버지의 관 위에 뿌리자 통곡 같은 비가 또 한 차례 쏟아져 비를 막기 위해 쳐놓은 포장 가장자리에 고인 빗물을 한꺼번에 쏟는 바람에 사람들이 모두 혼비백산했다. 서둘러 약식 제사를 지내고 빗물이 출렁거리는 땅바닥에 무릎을 대며 절을 했다. 영정 사진이 비에 젖고 준비한 꽃이 날아가고 차려놓은 제사 음식이 비바람에 흔들리는 가혹한 시간이었다.

두려웠다. 이 비가, 이 미친 듯한 바람이 아버지의 관 위에 올려둔 허술한 흙더미를 금방이라도 쓸어가 버릴 것 같았다. 흥건히 고여가고 있는 이 빗물이 아버지의 관을 다 채울 것만 같아 공포스러웠다.

나는 주문을 외우는 신들린 여자처럼 중얼거리고 있었다.

"아버지, 용서하세요. 한때 제가 아버질 많이 미워한 적이 있습니다. 능력 없는 아버지라 욕한 적 있습니다. 용서하세요. 제가 철이 없어서 그랬던 겁니다. 아버지, 아버지를 사랑합니다. 사랑합니다."

아버지를 홀로 남겨두고 돌아오는 버스 안에서 차창 밖을 바라보니 쳐놓은 포장이 몸부림을 치고 있었고 인부들이 비를 훔치며 담배를 피우는 실루엣이 잡혔다. 비는 여전히 기세를 누그러뜨리지 않고 당당하게 내리고 있었다.

수능이 선물한 생애 최고의 여행

제자와 함께 여행을 떠나본 적이 있는가? 수학여행이나 소풍 등의 공적인 여행이 아닌 지극히 사적인 여행을 한 적이 있는가? 모르긴 해도 대다수의 선생님들은 없다고 할 것이다. 그러나 나는 그 흔치 않은 경험을 실제로 한 바 있는 행복한 사람이다.

지금으로부터 8년 전 11월 대학수학능력시험 보는 날 정말 용케도 수능 시험 감독관에서 빠질 수 있었다. 그것이야말로 하늘이 내게 내린 행운 중의 행운이다. 사실 그동안 수능 감독관에서 빠진 적이 없었기 때문이다. 수능 감독관으로 차출되면 적어도 1.5일은 긴장과 스트레스 속에서 마음을 놓을 수 없기 때문이다. 어쩌면 수험생들보다 더 긴장하고 그리하여 더 쉽게 피곤함에 노출되는지 모른다.

그런데 내게 행운이 온 것이다. 수능 감독관에서 빠진 것이다.

감히 꿈꾸지도 못했던 행운이 재수 없기로 소문난 나에게까지 온 것이다. 다른 직장인들이 다 근무하는 날 연차나 월차를 내지 않고 하루 쉴 수 있다는 것은 그야말로 옴팡진 기쁨이다.

무엇을 할까 며칠을 고민하다 가을 단풍 한번 제대로 구경 못하고 겨울을 맞이할 내 신세에 딱 맞는 것이 생각난 것이다. 서둘러 휴대폰 번호를 눌렀다. 통화 연결음이 평소보다 두 배는 더 길게 느껴졌다. 한참 후에야 귀여운 목소리의 그녀가 수화기 가득 미소를 물고 다가온다.

"야! 너, 수능 시험 보는 날 나랑 여행 가자."

"선생니임~ 저 대학생이잖아요. 강의 들어야 하잖아요."

"야! 하루쯤 땡땡이도 치고 그런 거야. 대학생이 땡땡이 한 번 안 치면 그게 사람이냐. 가끔은 땡땡이도 치고 그래야 나중에 추억이 되는 거야. 단조로운 대학 생활이 대학 생활이냐? 그런 건 고딩이나 하는 거야."

나는 말도 안 되는 논리와 속된 표현으로 착한 제자를 유혹한 것이다. 당시 제자는 사범대학을 다니고 있는 장래가 촉망되는 모범적인 학생이었다.

"음~ 그래도 선생니임, 다음에 가시면 안 돼요? 저 그날 ○○ 과목 시험이 있는데……."

"야, 다음엔 기회가 없어. 15년 만에 굴러들어 온 행운인데 이걸 놓쳐. 그래 알았다. 공부 열심히 해서 A+ 받아라. 끊자."

어쩜 그렇게 서운하던지 속 좁은 선생님이 되어 전화를 끊자고 심드렁하게 말해버린 것이다.

"선생니임, 그럼 이렇게 하심 안 될까요? 제가 2교시에 시험을 보니까 대충 답을 빨리 써서 제출하고 가면 안 될까요?"

나는 더 이상 고집을 부릴 수 없는 처지라는 것을 알기 때문에 제자의 마음 씀씀이가 오히려 고마웠다.

"그래, 좋다. 선생님이 양보했다. 아침 일찍 출발해서 단풍 구경 맘껏 하고 점심도 먹고 여유 있게 놀다가 노을 보면서 기차 타고 돌아오고 싶었는데……. 아쉽긴 하지만 네 생각대로 하자."

공부 열심히 해서 시험 잘 보라고 격려하고 통화를 끝냈다.

그로부터 며칠이 지나고 수능 시험 보는 날 아니 제자와 단둘이 여행하는 날이 돌아왔다. 숨이 턱에 걸려 뛰어오면서도 내가 평소 좋아하는 김밥을 잊지 않고 준비해 온 예쁜 제자와 함께하는 여행 생각만 해도 가슴이 벅차다. 이심전심이랄까. 우리가 가기로 결정한 곳은 늦가을의 정취가 물씬 묻어나는 대둔산이었다. 애기단풍이 아름답기로 유명한 곳이다.

시간이 늦어 기차를 타기에는 어려움이 있어 전주행 직행버스를 탔다. 차창 밖으로 도열하는 색색의 단풍을 감상하며 김밥을 먹는 즐거움은 어느 고급스러운 식당에서 만찬을 즐길 때보다 더 클 것이라 생각했다. 게다가 어떤 반찬보다 맛깔스러운 수다가 반찬이 되어주니 더 이상 무엇이 부럽겠는가.

내가 이 앙증맞은 제자와 둘만의 밀월여행(가족들에게도 비밀로 하고 오직 우리 둘만 아는 여행이므로 밀월여행이라 해도 무리는 없을 듯)을 즐길 만큼 깊은 인연을 맺게 된 것은 S여고 문예 동아리 '글 솟는 샘'의 지도교사를 맡으면서부터이다. 유난히 수줍음 잘 타는 자그마한 몸집의 귀여운 여학생이었는데 말할 때마다 자연스럽게 번지는 눈웃음이 참 인상적이었다. 똑 부러지게 야물지는 않았지만 어딘가 어눌함, 엉성함 속에 깃든 순수함, 사람을 끄는 흡인력, 무엇인가를 열심히 하고자 하는 열정이 느껴져 금방 친해졌다. 문집을 만들고 시화전, 독후감 전시회 등을 하면서 많이 실수하고 더 많이 노력하는 그녀의 모습을 보면서 스승과 제자라는 공식과 같은 거리감도 없어졌다. 나는 그녀를 '우리의 큰 강물'이라 부른다.

"선생니임, 선생님이랑 단둘이 여행한다는 것 꿈같아요. 여고 동창생들한테 자랑할래요. 윤정이, 고은이, 그리고······."

그 시절의 추억 속에 한참 젖어 있는 내게 그녀가 밉지 않은 수다를 걸어온다. 내가 이름을 기억할 만한 '글 솟는 샘'의 멤버들, 내가 수업을 들어갔던 반 학생들 중 돌출 행동을 잘했던 아이들의 근황까지 참깨 알 쏟아놓듯 털어놓는다. 새침데기 J는 교원대를 갔고, 시 쓰는 꼴통 U는 목하 연애 중이란다. 키가 유난히 커서 무거운 것 잘 들던 H는 휴학하고 다시 대입 준비 중이란다.

3시간 남짓 달리던 직행버스는 전주 공용버스터미널에 그녀와 나를 남겨 놓고 제 갈 길로 갔다. 물어물어 대둔산행 시내버스를 탔다. 주중인데도 생각했던 것보다 많은 승객들이 시내버스 안을 채우고 있었다. 막바지 단풍을 놓치지 않으려는 사람들일 것이다.

말로만 듣던 대둔산 입구에 도착했다. 청명한 가을 날씨, 하늘은 높고, 눈을 떼기 힘들 만큼 고운 자태를 자랑하는 단풍들이 일제히 군무를 추는 바람에 혼이 반쯤은 빠져나간 듯했다. 아아! 도무지 입을 다물 수가 없다. 몇 년 전에 가야산에서 본 애기단풍보다 더 곱고 화려했다. 제자의 손을 잡고 걸으며 단풍잎 하나하나의 자태를 묘사하기에 바쁜데 표 파는 아저씨가 표를 사란다. 영문도 모르고 얼떨결에 표를 사고 보니 케이블카 승차권이다. 하긴 케이블카를 타야 대둔산 단풍의 진면목을 후회 없이 볼 수 있다 하니 그리 나쁠 것도 없지만 나의 입장에서는 곤혹스럽기만 했다. 벌써 해가 뉘엿뉘엿 넘어가고 있는 이 와중에 케이블카를 타고 내려오면 집으로 돌아갈 버스가 여의치 않기 때문이다. 낯선 초행길 예쁜 제자까지 데리고 와서 버스를 놓치는 날에는 여간 낭패가 아니기 때문이다.

이러한 사정을 제자에게 이야기했더니 제자는 지혜롭게 반응한다. 시간이 늦었으니까 버스 타는 시간에 맞춰 이 산의 중턱만큼이라도 아니 단 100미터 높이만이라도 걸어서 올라가 보자는 것이다. 좋은 생각이라고 칭찬하며 우리는 케이블카 대신 두 발로 산에 올랐다. 도란도란 얘기도 하고 어쩌다 마주치는 낯선 사람들과 인사도 나누며 산으로 올라갔다. 그래도 윗사람인 나는 마음이 편치 않다. 버스 시간 놓치면 안 되기 때문에 그녀가 눈치 채지 않게 자주 시간을 보며 남은 시간을 계산했다. 중턱도 못 올랐는데 버스 시간이 임박했다. 이쯤 해서 내려가면 간신히 버스를 탈 수 있을 것 같았다. 아쉽지만 어쩔 수 없이 서둘러 산을 내려와야 했다.

제자한테는 최고로 여유 있는 모습을 보였지만 속으로는 버스 놓칠까 봐 얼마나 긴장했는지 모른다. 전주행 버스를 타고 다시 순천행 버스에 몸을 싣고 나니 드디어 참았던 한숨이 저절로 터져 나온다. 차창 밖으로 벌써 농익은 어둠이 밀려온다. 조금만 늦었어도 버스를 놓칠 뻔했다. 시간이 너무 촉박해서 저녁식사도 하지 못했다.

큰맘 먹지 않으면 쉽게 올 수 없는 대둔산에 모처럼 와서 정상도 못 밟았다는 것이 못내 아쉬웠지만 제자와 단풍과 함께한 숱한 이야기들이 결코 무의미한 시간만은 아니었다.

우리는 순천역 부근 해장국집에서 늦은 저녁을 먹으며 그날의 즐거움, 아쉬움으로 회포를 풀었다. 훗날 다시 이런 기회가 생긴다면 여유 있게 자연과 하나가 되어 인생을 이야기하자고 약속했다.

2009년 11월 다시 수능 시즌이 왔다. 나는 수능 감독을 면제받았다. 그러나 그때처럼 설레지도 즐겁지도 않다. 건강이 좋지 않아 그 옛날 했던 약속을 지킬 수 없기 때문이다.

사랑하는 제자여, 언젠가 다시 그런 날을 꼭 한 번 만들어 꿈같은 여행을 해보자. 너 결혼하기 전에 그런 기회를 마련해야 할 텐데 조바심이 나는구나.

제자 또 다른 스승

　교직에 들어선 것이 벌써 23년째이다. 그동안 나를 거쳐 간 제자들이 수천 명이다. 그 많은 제자들 중 유난히 사랑스러운 제자들이 있다. 비록 제자이지만 어느 은사님보다 존경스러운 스승 같은 제자들이 있다. 지금부터 이야기하고자 하는 제자도 그들 중 한 명이다.

　'우리의 큰 강물'을 처음 만난 것은 그녀가 S여고에 재학하고 있을 때였다. 내가 이러한 이름을 지어준 것은 그녀의 이름에 '물 수(水)' 자가 있었기 때문이다. 성씨가 '우 씨'라 그녀의 이름을 듣자마자 머릿속에 섬광처럼 떠오르던 것이 '우리의 큰 강물'이었다. 그녀 역시 내가 지어준 이 이름을 좋아했다.

　당시 나는 문예 동아리 '글 솟는 샘'의 지도교사를 맡고 있었다. 공교롭게도 이 일을 내리 3년이나 맡게 되었는데 그때 만난 제자 중 지금까지도 연락을 주고받는 제자가 바로 그녀이다.

동아리 회원들은 봄꽃이 피는 시기에 즈음하여 시화전을 열었다. 교정 곳곳에서 펼쳐지는 시화전은 봄꽃과 시화가 어우러진 2주간의 축제로 여고생들의 섬세한 감수성과 시심을 한층 북돋는 계기가 되었다.

실내가 아닌 실외에서 하다 보니 아침 일찍 등교하여 시화를 게시하고 오후 늦게 그것을 거둬들여야 하는 번거로움이 있었다. 70여 점이나 되는 시화 패널을 매일 게시하고 수거하고 하는 일이 여고생들에게는 쉽지 않은 일이다. 갑자기 비라도 내리면 수업 중에도 교정으로 뛰어나와 시화 패널을 걷어 복도 곳곳에 보기 좋게 전시해야 했다. 그뿐이 아니다. 봄바람의 횡포가 대단하여 수목에 걸어둔 시화 패널이 굴러떨어져 훼손되는 경우가 빈번했다. 그때마다 훼손된 시화 패널을 보수하고 닦는 일을 회원 몇 명이 했지만, 그중에 항상 웃는 얼굴로 당차게 해내던 작은 키의 여고생이 눈에 확 뜨였다. 자기 몸보다 큰 시화 패널을 인상 한번 쓰지 않고 들고 달리는 모습이 어쩜 그렇게 예뻐 보였는지 모른다.

'글 솟는 샘'의 봄 축제를 시화전이라 한다면, '독후감 전시회'는 가을 축제이다. 전교생을 대상으로 한 독후감 쓰기 대회에서 입선한 작품과 동아리 회원들의 작품을 합한 70여 점을 하얀색 전지에 매직으로 옮겨 적고 내용에 맞는 바탕 그림을 그려 이젤에 붙여 복도에 한 달 정도 전시하였다. 전시회가 끝나면 그 작품을 모아 독후감 문집을 발간하였다. 실내에서 하다 보니 시화전 때처럼 훼손되는 일은 많지 않았지만 이젤이 넘어지거나 전지가 찢어지는 일이 더러 있었다. 이때도 키 작은 그녀는 웃는 얼굴로 찢어진 부분을 유리테이프로 붙여 감쪽같이 만들었고 넘어진 이젤을 일으켜 세워 내 얼굴에 미소를 번지게 했다.

그러던 그녀가 대학에서 농업교육을 전공했다. 나는 내심 서운했다. 문과 쪽이 맞을 거라 생각하여 국어교육을 전공했으면 하는 것이 나의 속마음이었다. 그녀는 내 마음을 알았는지 국어교육까지 전공하였다. 이른바 복수 전공이다. 농업 교사 자격증과 국어 교사 자격증을 갖게 된 것이다.

칭찬을 하고 격려를 잊지 않았는데 운이 없었는지 임용고시에 2년 연속 실패를 하고 말았다. 임용고시 도전 3년 만에 마침내 합격이라는 선물을 안겨준 제자. 그것도 수석이라는 대박을 터뜨린 제자. 감격이 채 가라앉지 않은 목소리로 아침 일찍 합격 소식을 전하는 그녀의 목소리에는 희망이 가득 담겨 있었다. 무엇보다 국어교육과를 졸업한 기라성 같은 경쟁자를 물리치고 농업교육과를 나온 그녀가 당당히 수석을 했다는 사실이 놀랍고 대견스러웠다. 교육 환경이 좋은 수도권 쪽을 마다하고 여러모로 열악한 전남 쪽을 선택한 그 마음이 고맙고 비록 제자이지만 존경스럽기까지 했다.

장흥의 D고교로 초임 발령을 받은 '우리의 큰 강물' 그녀를 생각하면 나는 저절로 기분이 좋아진다. D고교는 바로 내가 스물네 살 꽃다운 나이에 2년 반 동안 근무한 적이 있기 때문이다. 우연치고는 너무도 신기한 일이 아닌가. 마치 내가 걷던 길을 그대로 따라 걷는 것만 같아 흐뭇했다.

학생들을 자기 몸처럼 사랑하는 그녀의 미소 띤 모습이 연상되어서 나도 모르게 미소가 지어졌다. 며칠 전 그녀에게서 전화가 왔는데 그 내용은 다음과 같다.

3학년 진학반 담임이다. 진학반이 딱 한 반이라 날마다 혼자 야자(야간자율학습) 감독을 한다. 보통 다른 학교 같았으면 진학반이 여러 반이라 2교대 내지 3교대를 한다. 주변 선생님들은 혼자 날마다 야자 감독을 하는 것은 부당한 일이니, 윗분들께 말씀드려 다른 선생님의 지원을 받아 이틀에 한 번 정도 야자 감독을 하라고 조언한다. 솔직히 날마다 야자 감독을 한다는 것은 쉬운 일이 아니다. 이틀에 한 번 하게 된다면 다른 선생님들에게 피해가 될 것이다. 그리고 나는 어차피 관사에서 혼자 자취생활을 하므로 다른 선생님들에게 민폐를 끼치는 것보다 미혼인 내가 도맡아서 하는 것이 낫다. 그것이 마음 편한 일이다. 그러나 야자 감독을 혼자 하는 가장 큰 이유는 반 아이들이 사랑스럽기 때문이다. 가난한 집안 형편으로 도시학교로 진학하지 못하고 그 흔한 학원 수강 한번 못 받아본 가엾은 아이들이기에 담임인 나의 야자 감독은 더욱 의미가 큰 것이다.

"선생님, 저 애기들이 예뻐 죽겠어요. 그래서 야자 감독 앞으로도 그냥 저 혼자 할래요. 즐거운 마음으로요."

10여 분이 넘게 전화 통화를 했는데 시종일관 밝은 목소리이다. 아마도 특유의 미소가 눈부터 입술, 귓불에까지 걸려 있을 것이다.

나는 3일에 한 번 야자 감독을 하면서도 힘들다고 불평한 적이 많다. 그런데 제자는 날마다 야자 감독을 하면서도 아이들이 사랑스럽다고 말한다. 비록 제자이지만 스승인 나보다 몇 배나 낫다. 그야말로 청출어람이라는 말은 이를 두고 하는 소리 같다. 아이들을 사랑하는 순수 열정 하나로 그들과 함께하는 제자가 자랑스럽다. 비록 제자이지만 나에게는 또 다른 스승이 분명하다. 교직에 오래 있다 보니 가끔 매너리즘에 빠지기도 하는데 풋풋한 열정과 사명감으로 학생들을 가르치는 제자가 요즘 내 교직생활의 신선한 지침서가 되고 있다. 나도 그녀처럼 아이들을 사랑하는 마음 하나로 그들과 함께하고 싶다.

제자 '우리의 큰 강물' 사랑한다. 언제나 변함없이 열정적인 교사로 남아주기 바란다.

역설 그 가슴 저린 미학
- 조용필의 〈그 겨울의 찻집〉

날마다 누군가는 태어나고 또 다른 누군가는 죽는다. 그렇듯 날마다 어떤 대중가요는 태어나고 또 다른 대중가요는 사라진다. 무수하게 많은 대중가요 중 내가 가사를 기억하고 있는 것은 단 한 곡뿐이다. 유일하다는 것은 커다란 의미가 있는 법이다. 그것은 가수 조용필의 8집 앨범에 수록된 〈그 겨울의 찻집〉이라는 대중가요이다.

한때 나는 조용필의 열혈팬, 속된 말로 광팬이었다. 물론 지금도 그를 존경하고 그의 음악에 심취해 있지만, 그때처럼 앞뒤 가리지 않고 미친 듯 빠져 있지는 않다.

여고 시절 내 교과서의 껍질은 모두 조용필의 사진으로 도배되어 있었다. 조용필의 사진을 구하면 무조건 내게 가져다 달라고 급우들에게 홍보하고 다닐 정도였다. 덕분에 우리 학교에선 조용필의 사진을 가장 많이 소장하고 있다는 자랑스러운 평가까지 받았다. 대형 브로마이드를 방 안 곳곳에 걸어놓고 그의 노래를 듣고 그와(그의 사진) 이야기를 나누는 것이 행복이던 시절이었다. 수업 시간에 그의 사진을 보다 선생님께 걸려 야단을 맞은 적도 한두 번이 아니었다. 그의 모든 것이 그냥 무조건 좋았음에도 철부지 소녀 팬이라는 말이 듣기 싫어 나름대로 그를 좋아할 수밖에 없는 이유를 열 가지 정도는 정리해 놓고 사람들이 물어볼 때마다 대답해 주었다. 속없는 소녀 팬이라는 말이 자존심 상해서 나는 진정으로 그를 아끼는 꽤 수준 높은 팬임을 강조하고 다녔다.

대학 시절 나는 그의 많은 노래 중 〈그 겨울의 찻집〉에 흠뻑 젖어 있었다. 그 노래의 가사 내용이 마치 나의 이야기인 것만 같았고, 내가 그 노래의 화자인 것만 같아 잠이 들 때까지 이어폰을 끼고 반복적으로 들으며 잠을 청하곤 했다. 그러다 감정에 겨워 베갯잇을 촉촉이 적신 적도 여러 번 있다.

당시 시를 갓 배우고 한두 편 습작을 하던 시절이라 그의 노래 가사가 마치 시처럼 느껴져 비망록에 여학생들 사이에 유행했던 예쁜 글씨체를 흉내 내어 베껴 적곤 했다.

사실 고백하자면 대학 시절 나는 가슴 저린 한 토막의 사랑을 경험했다. H건설에서 아르바이트하다 그를 만나게 된 것이다. 그는 모 대학 토목공학과를 다니다 방학을 맞아 전공을 살려 아르바이트하고 있었다. 검게 그을린 피부, 잘 익은 무화과처럼 탱글

탱글해 보이는 근육, 그 큰 눈이 보이지 않도록 호탕하게 웃는 모습, 정감 어린 말씨, 풀밭에 앉을 때마다 자신의 손수건을 깔아주는 매너까지 어쩌면 그렇게 마음에 들었을까?

나는 사무실에서 사무 보조로 일했고, 그는 주로 건설 현장에서 일을 했다. 아침에 잠깐 얼굴을 보고 점심때 구내식당에서 한 번 보고, 점심식사 후 풀 우거진 무덤 위에서 차를 나누어 마셨고, 퇴근 무렵 현장에서 막 돌아온 그에게 작별 인사를 하는 것이 고작이었지만 내겐 최대의 행복이었다.

처음 본 순간부터 가슴이 떨렸지만 그에게 빠지게 된 것은 순전히 시 때문이었다. 한창 시 습작에 맛이 들어 틈만 나면 하루에도 몇 편의 시 비슷한 것을 끄적거렸다. 나는 그것을 점심시간 그 무덤(우리들은 그곳을 '우리들의 파라다이스'라 명했다)에서 그에게 보여주었다. 그는 정성스럽게 읽었고 가끔은 나의 시에 대한 소감을 말해주기까지 했다. 더욱이 나를 미치게 감동시킨 것은 항상 어김없이 나의 시를 다음 날 점심시간까지 타이핑을 해 오는 것이었다. 그때만 해도 사무실에서 문서 작성은 주로 타자기로 했던 시절이다. 그는 사무직이 아니기 때문에 타자기를 차지하기도 힘들었을 것이다. 그럼에도 그는 한 번도 빠짐없이 개발새발 끄적거린 나의 시를 깔끔하게 타이핑해서 내게 선물했다. 아마 모르긴 해도 직원들이 모두 퇴근한 빈 사무실에서 그는 나의 시를 읽으며 타닥타닥 경쾌한 소리를 내며 타이핑을 했으리라. 그 모습을 머릿속으로 연상하며 나는 신명이 나서 더 많은 시를 쓰곤 했다.

아! 그런데 나는 철저히 아파야 했다. 사랑하게 되어 버렸는데 그는 다름 아닌 집안의 할아버지뻘이었다. 어쩌라고 어쩌라고 나더러 도대체 어쩌라고 그는 집안의 할아버지뻘일까? 그와 나는 동성동본이었다. 당시 동성동본은 결혼할 수 없었다.

나는 그를 보내야 했다. 도저히 숨을 쉴 수 없이 아팠지만 그를 보내야 했다. 이젠 다시 시를 쓸 수 없었고 타이핑된 시 선물도 받을 수 없었다.

마지막 날 그가 운전한 오토바이를 타고 시내 다방에서 작별 의식을 치렀다. 불현듯 '애이불비(哀而不悲)'라는 말이 떠올랐다. 슬프지만 슬퍼하지 않는다. 정말 너무도 비참하게 아팠지만 정말 아무렇지도 않은 것처럼 평소보다 차분하게 작별 인사를 나누었다. 눈물도 목소리의 떨림도 없이 그냥 평화롭게 작별 인사를 했다.

그런데 갑자기 그와 나의 귀를 먹먹하게 만든 노래가 흘러나왔다. 그 노래가 바로 조용필의 〈그 겨울의 찻집〉이다. 그 사람만 바로 앞에 없었어도 다른 사람 따윈 개의치 않고 나는 몸부림치며 엉엉 울었을 것이다. 그러나 눈가가 촉촉이 젖어드는 그 사람 때문에 나는 애써 태연해야 했다.

그를 보내고 홀로 집으로 돌아오는 길은 수천 년의 세월처럼 멀기만 했다. 그 노래를 부르면서 울면서 소리치면서 진공 상태의 나는 집으로 돌아왔다.

바람 속으로 걸어갔어요
이른 아침의 그 찻집
마른 꽃 걸린 창가에 앉아
외로움을 마셔요

아름다운 죄 사랑 때문에
홀로 지샌 긴 밤이여
뜨거운 이름 가슴에 두면
왜 한숨이 나는 걸까

아 웃고 있어도 눈물이 난다
그대 나의 사랑아

아름다운 죄 사랑 때문에
홀로 지샌 긴 밤이여
뜨거운 이름 가슴에 두면
왜 한숨이 나는 걸까.

아 웃고 있어도 눈물이 난다
그대 나의 사랑아

- 조용필, 〈그 겨울의 찻집〉

이 노래의 가사 중 언제나 내 마음을 울리는 것은 '아름다운 죄 사랑 때문에', '아 웃고 있어도 눈물이 난다'이다. 나는 이 부분을 '역설 그 가슴 저린 미학'이라 이름 붙여본다. 어느 유명한 시인의 기교 높은 역설보다 더 절절하게 가슴을 후벼 파고 울려서 감동 받는다. 이 노래가 있었기에 나는 그 아픔을 정화시켰고 그 엄청난 아픔까지 다독다독 가슴 밑바닥으로 잠재울 수 있었다.

결혼! 신고합니다

그해 겨울 나는 제정신이 아니었다. 태어나서 그때까지 맞선이란 것을 딱 한 번 본 것밖에 없는데, 공교롭게도 그 남자에게 마음을 뺏겨 헤어 나오지 못했던 것이다. 맞선 본 지 두 달도 채 안 되어 속성 결혼을 해버렸으니 당시 나의 상태가 어느 정도였는지 가히 짐작할 만하다.

1991년 그 시절엔 교사인 미혼남녀가 서로 결혼을 결정하고 나면 반드시 자신이 근무하는 학교의 교장, 교감 선생님은 물론 배우자가 될 사람이 근무하는 학교의 교장, 교감 선생님한테까지 결혼 소식을 미리 알려야 하는 것이 상식처럼 되어 있었다. 일종의 결혼신고 절차를 밟는 것이다.

겨울방학 때 맞선을 보고 결혼을 결정했기 때문에 최소한 개학 전에는 내가 근무하는 학교의 교장, 교감 선생님께 예비신랑감을 소개해야 했다. 방학이라 광주 본가에 가 계시는 교장, 교감 선생님을 예비신랑과 함께 찾아뵙기로 약속하고 그분들의 허락을 받아놓은 상태였다.

그런데 그 전날까지 멀쩡하던 날씨가 갑자기 시커멓게 얼굴빛을 바꾸며 울상을 짓고 있었다. 우리는 광주에서 저녁식사 이후 만나기로 되어 있었다. 전신을 훔치고 가는 카키색 칼바람이 어수선하게 불어대더니 이윽고 눈발이 날리기 시작했다. 이곳 순천은 눈이 귀한 곳이라 눈에 대한 공포보다 환상이나 낭만을 가지고 있기 쉬웠다. 그러나 광주는 다르다고 했다. 남도치고는 눈이 많이 내리는 곳이라 했다.

은근히 걱정되기 시작했다. 그때만 해도 순진했던 때라 혹시 내 쪽에서 그분들과 한 약속을 못 지키게 되면 어쩌나 하는 생각에 조바심이 생기고 불안해졌다. 그러면서도 마음 한구석에서는 예비신랑인 그 사람과 흩날리는 눈발을 감상하며 좋은 시간을 보낼 수 있겠거니 하는 기대감이 생기기도 했다. 당시 남편은 낡고 오래된 중고 승용차를 구입해서 타고 다녔는데, 그 승용차에 단둘이 타고 눈발이 흩날리는 도로 위를 달릴 생각을 하니 공연히 마음이 설레기도 했다. 그때까지만 해도 눈은 내게 낭만적 소재 그 자체였기 때문이다. 좋은 사람과 함께 승용차를 타고 눈 내리는 밤거리를 달릴 생각만 해도 그저 좋았을 때였다. 차창으로 흩어져 번지는 눈꽃은 그 어떤 꽃나무에 피어 있는 꽃송이보다 환상적인 아름다움을 연출했고, 윈도우 브러시로 쓸어내기도 버거울 만큼 쌓이는 눈더미는 따뜻하고 포근한 느낌까지 들었다. 운전하고 있는 그의 오른쪽 어깨에 가만히 머리를 내려놓고 기대고 싶은 욕망이 생길 만큼 따뜻하고 포근했다. 그러나 낭만은 거기까지였다. 환상은 더 이상 펼쳐지지 않았다.

앞을 분간할 수 없을 만큼 무차별적으로 쏟아지는 눈발은 가히 폭력적이었다. 눈과 성에가 범벅이 되어 도무지 시야를 확보할 수 없었고, 윈도우 브러시가 얼어서 차창에 쌓인 눈더미를 제거하기조차 힘들었다. 그것까지는 그래도 참을 만했다. 그러나 더욱 난감하고 곤혹스러운 것은 도로가 얼어서 차가 중심을 잃고 자꾸만 미끄러져 내린다는 것이었다. 도로의 경사가 조금만 심해도 차가 그곳을 올라가지 못한 채 자꾸만 뒷걸음질을 친다는 사실은 끔찍하기 이를 데 없었다. 이러다 목적지에 갈 수 없는 것은 물론이려니와 결혼도 못 하고 동태가 되어 죽거나 사고가 나서 죽는 것은 아닌가 하는 생각이 들었다. 그것은 숫제 공포였다. 방금 전까지 꿈꿔왔던 낭만은 온데간데없이 사라지고 시커먼 공포가 덕지덕지 엉겨 붙어 숨을 쉬기조차 힘들었다.

차를 타고 온 다른 사람들이 모두 내려 눈을 치우고 서로의 차를 밀어주었다. 눈보라 속에서 추위도 잊고 애쓴 덕분에 간신히 그곳을 빠져나와 거북이걸음만큼 느린 속도로 승용차는 움직일 수 있었다.

그 밤, 그렇게 눈보라 치던 도로 위를 승용차는 기듯이 움직여 밤이 깊어서야 겨우 목적지에 도착할 수 있었다. 선물로 준비한 것들은 동태처럼 얼어 있었고 그와 나는 비로소 심장 끝에 얼어붙어 있던 숨을 토해낼 수 있었다.

밤이 너무 깊어 교장, 교감 선생님 댁을 방문한다는 것이 망설여졌지만 그래도 눈보라를 뚫고 살아왔다는 것을 확인하기 위해서라도 그분들에게 결혼신고를 해야 했다. 그날 밤 결혼신고를 하지 않으면 결혼을 할 수 없을 것만 같은 무언가 확실치 않은 불안감 아니 주술적 공포까지 밀려왔다.

두 분 댁을 방문하여 "저희들 결혼하기로 했습니다."라고 말씀드렸을 때 전신으로 복받치던 감회는 결혼한 지 18년이 지난 지금도 잊을 수 없을 정도로 생생하다. 가슴이 벅차고 코끝이 찡해서 도무지 얼굴을 들지 못했던 그 순간이 나에게는 눈에 얽힌 지울 수 없는 추억의 한 장면이다.

벅찬 이름 소설, 결혼, 엄마

결혼 전에 나는 독신지상주의자였다. 지구상에 존재하는 여성들이 다 결혼이라는 무덤으로 들어간다 해도 나만은 최후까지 결혼하지 않을 것이라 감히 장담했다. 자신이 있었고 또한 독신으로 사는 것이 가장 나다운 일이라 믿었다.

대학을 졸업하고 어느 작은 시골 고등학교에서 교편을 잡던 시절로 돌아가서 이야기를 풀어내고자 한다. 그해 겨울, 교사로서 두 번째 맞이하는 겨울방학. 같은 학교에 근무하는 동료 교사 네 명이 방은 다르지만 같은 집에서 자취생활을 하고 있었는데 방학하기 무섭게 자취집은 냉기가 돌 만큼 텅 비게 되었다. 자취하던 선생님들이 앞다투어 고향집으로 간 까닭이다.

사실 난 독심을 품고 있었기에 짐을 싸지 않았다. 구상 중인 소설이 한 편 있었는데 그것을 탈고하기 전에는 고향집으로 눈길도 돌리지 않겠다는 무서운 독심이었다. 독심을 품긴 했으나 마음이 약해질까 두려워 덮고 자는 유일한 이부자리인 빨간 담요를 무리하게 빨았다. 그 담요가 마르려면 적어도 한 일주일은 더 걸리는데 그때까진 고향집으로 가지 않겠다는 계산에서였다.

그러나 막상 옆방 선생님까지 다 떠나고 나니 외로움과 적막감, 두려움으로 마음이 자꾸만 흔들렸다.

나도 그냥 고향집으로 갈까. 소설이고 뭐고 다 때려치우고 고향집에 가서 엄마가 해주는 밥도 먹고, 친구들도 만나고 그럴까?

그렇게 갈등하며 머리카락만 쥐어뜯다가 소설 한 줄 변변하게 쓰지 못하고 4일이란 시간을 무의미하게 소비해 버렸다. 5일째 되던 날 밤 나는 비로소 원고지 위에 글씨를 쓸 수 있었다. 4일 동안 소설에 대한 두려움과 답답함으로 원고지를 펼치기도 겁났는데 드디어 원고지 위에 글씨를 쓰게 된 것이다. 그날 밤 나는 신열에 들떴고 1년은 지난듯한 이름만 최신가요인 노래를 밤새 들으며 소설을 써댔다.

다음 날은 하루 종일 잠만 잤다. 7일째 되던 날 깨어 보니 오전 11시가 넘은 시간이었다. 부랴부랴 세수를 하고 절반쯤 전개된 소설을 마저 썼다. 제정신이 아닐 만큼 그 일에 몰입해 있었고 그 기간 동안 무서운 독심으로 소설에만 빠져 있었던 것이다. 당시 나는 '나'가 아니었고 소설 속의 인물이 되어 웃고 울고 떠들어대며 소설을 완성했던 것이다. 시간관념도 배고픔도 아무것도 인식할 수 없었던 시간이었다. 봄부터 머릿속에서 아니 가슴속에서 몸부림을 치던 그놈의 소설이란 무질서한 입자들이 오래된 체증처럼 나를 지지리도 괴롭히더니 마침내 완성이 된 것이다. 정말 절대적 자유 같은 허탈한 쾌감에 눈물이 주르륵 흘러나왔다. 아! 이제 난 자유다. 자유인이다.

그때 갑자기 방문을 두드리는 소리가 요란하게 들렸다. 안집 할머니였다. 고향집에서 전화가 왔다는 것이다. 나는 슬리퍼를 끌며 할머니를 따라 안집으로 들어가서 수화기를 들었다. 엄마였다. 웬일인지 갑자기 목이 메었다.

"악아! 집에 내리와라이잉. 헐 일 있으면 집이 와서 허그라잉. 방학이 돼도 안 내리온다고 느그 아부지 난리다. 언능 와잉."

"담요 다 말랐으면 갈게."

평소 같았으면 안 간다고 퉁명스럽게 대꾸하며 전화를 끊었을 나였지만, 그날은 담요만 마르면 가겠노라고 했다. 전화를 끊고 미친 듯이 옥상으로 올라가 담요를 확인했다. 놀랍게도 그것은 말라 있었다. 약간의 냉기를 머금은 부드러운 그것에 얼굴을 비비며 나는 까닭 없이 웃었다.

짐을 챙겨 고향집으로 가는 버스를 탔다. 이튿날 오후, 나는 순천 시내에 있는 C다방에서 맞선이라는 것을 보았다. 최초이자 최후인 맞선이었다. 어머니는 맞선 때문에 나를 한사코 오라고 한 것이었다. 나는 정말 나 자신도 알 수 없을 정도로 한마디 이의도 제기하지 않고 어머니가 하자는 대로 맞선을 봤고 그 남자랑 결혼했다. 맞선 본 지 한 달 반 만에 결혼을 한 것이다. 당시로서는 초스피드 결혼이었을 것이다. 왜 결혼했는지 모른다. 철저한 독신주의자였던 내가 왜 그렇게 쉽게 결혼했는지 나 자신도 알 수 없다. 다만 한 가지, 맞선 보았던 C다방 유리문에 비친 그의 프로필이 내 머릿속에 운명이라는 단어를 떠오르게 했을 뿐이다.

그때 만약 소설을 탈고하지 않았거나 담요가 마르지 않았다면 나는 고향집으로 내려오지 못했을 것이고, 그 남자와 맞선을 보지도 않았을 것이다. 소설이 완성되었고, 공교롭게도 담요가 말랐고 그래서 그 남자와 결혼을 한 것이다.

결혼하자마자 임신하게 되었고 그해 12월에 벅찬 이름, 나도 '엄마'가 되었다. 12월 4일, 당시 출산 예정일이 2주나 남아 있었기 때문에 나는 시어머니와 시장을 보러 다닐 만큼 여유가 있었다. 그러나 이튿날 새벽 3시 25분에 나는 엄마가 되어 있었다. 12월 5일 새벽 큰아이가 태어난 것이다. 12시간의 진통 끝에 세상으로 나온 녀석과 처음으로 대면하는 순간 나도 모르게 눈물이 나왔다. 남편과 너무나도 판박이 얼굴을 한 녀석. 너를 기다리며 얼마나 두렵고 힘들었는데 너 이렇게 빨리 날 엄마로 만드는구나. 아직 눈도 뜨지 못하고 얼굴에 깨알 같은 피지가 낀 모습으로 손가락을 옴지락거리는 녀석을 보자 엄마라는 단어가 새삼 가슴을 꽉 채웠다. 그 많고 많은 날들 다 제쳐두고 내 생일에 녀석이 태어난 것이다. 예정일이 2주나 남았는데 녀석은 엄마인 내 생일에 태어났다. 결혼하고 시댁에서 처음으로 맞이하는 생일에 나는 산부인과 차가운 분만대에서 아이 엄마가 된 것이다.

이게 운명일까? 참 기막힌 일이다. 왜 하필 내 생일에 태어났니? 넌 나와 그렇게 끈질긴 인연을 맺고 싶었니? 태어날 날을 2주씩이나 앞당겨 가면서까지 내 생일에 태어난 이유가 뭐니? 나는 아이에게 소리 없는 말을 걸었다. 아이는 웃는 것인지 찡그리는 것인지 도통 알 수 없는 표정으로 손가락을 옴지락거렸다.

내 생일에 태어난 녀석으로 인해 나는 녀석이 초등학교에 들어갈 때까지도 내 생일을 제대로 찾아 먹을 수 없었다. 생일이 되면 녀석의 생일상을 준비하느라 손에 물이 마르지 않을 정도였다.

그러던 녀석이 내년이면 고등학생이 된다. 이젠 엄마 생일에 무엇을 받고 싶은지 물을 정도로 커버린 녀석이 대견스럽다. 녀석은 평생 엄마인 내 생일을 잊지 않을 것이다.

나는 지금 행복하다. 아직 쓰지 못했지만 4년 전에 구상했던 소설이 머릿속에 있어서 행복하고, 운명 같은 남편이 있어서 행복하고, 생일마저 같은 아들 녀석이 있어서 벅차게 행복하다.

비록 외로운 자취방에서 이 글을 쓰고 있지만 내년엔 꼭 가족이 함께 모여 사는 날이 올 것이라 믿는다.

그 봄 병아리들의 이야기

"차리엇, 경례"

"안녕하세요?"

"우와!"

"크크큭"

"야, 대학생 같다."

첫 수업을 들어간 교실의 모습은 물론 학생들의 모습 또한 어수선하기 짝이 없었다. 떠드는 녀석, 낄낄거리는 녀석, 야유하는 녀석, 휘파람 부는 녀석, 가소롭다는 듯이 째려보는 녀석. 참으로 가관이었다.

첫 시간을 공략하라던 선배의 말을 되새길 틈도 없이 다리가 후들거리고 콧등에 진땀이 솟았다. 발령을 받기 며칠 전, 사실은 대대적인 오리엔테이션과 고난도의 정신 훈련을 빈틈없이 마친 상태였다. 평소 행동이 바르고 성실한 선배 언니가 발령 대기 중인 나와 친구들 서넛을 읍내 다방으로 특별히 호출하여 정신 교육을 시켜주었던 것이다. 선배 언니는 우리보다 1년 먼저 졸업하여 당시 모 중학교 국어 선생님으로 있었다. 비싼 커피까지 사 먹이며 오리엔테이션을 하는 것은 순전히 본인의 경험에서 느낀 절실함 때문이라고 했다. 선배와 우리들이 졸업한 여고는 역사가 그리 길지 않은 편이라 그다지 성공한 선배들이 없는 실정이었다.

그 선배가 막상 교사로 신규 발령을 받아 무엇인가 조언을 구하고 싶어도 딱히 도움을 요청할 사람이 없었다는 것이다. 이웃 S여고를 나온 신규 교사들은 짱짱한 선배들 덕분에 예비 교사로서 갖추어야 할 다양한 요건이나 준비거리들을 잘 준비하는 것이 무엇보다 부러웠다고 한다. 그래서 그 순간 선배는 결심했다고 한다. 후배들이 교사로 신규 발령을 받으면 최선을 다해 오리엔테이션을 꼭 해주겠다고. 그리하여 당황하지 않고 준비된 모습으로 교단에 설 수 있도록 도와주겠다고 결심했단다.

선배는 A4용지 서너 장 분량으로 신규 교사로서 주의해야 할 점과 교장, 교감, 동료 교사, 학생을 대하는 자세 및 태도에 대하여 자세히 정리한 자료를 나누어 주며 열변을 토했다. 더욱이 인상적인 것은 첫 수업에서 예상되는 질문 열두 가지와 그에 대한 모범답안이었다. 중·고등학생들이 첫 수업 시간에 흔히 하는 짓궂은 질문 제1순위 '선생님의 첫사랑에 대해 이야기해 주세요.',

제2순위 '이성이랑 자봤어요?', 제3순위 '미팅에 대한 추억이나 방법을 이야기해 주세요.'

선배는 이런 식으로 1순위부터 12순위까지 내용을 꼼꼼하게 작성하여 한 문항당 모범답안도 3~4개씩 달아놓았다. 예상되는 상황에 맞게 적절하게 응용할 수 있도록 배려한 선배의 치밀함에 우리는 모두 감탄했다. 선배는 아예 외우라고까지 했다. 첫 수업 시간은 많이 긴장되기 때문에 실수 연발이므로 아예 외워서 민첩하고 세련되게 대처하라는 것이었다.

첫 시간에 짓궂은 아이들에게 약점을 잡히거나 눈물을 보이면 그 학교 떠날 때까지 괴로움의 연속이라는 것이 선배가 마련한 오리엔테이션의 요점이었다.

순진하고 융통성이 없기로 유명한 나로선 선배가 준 오리엔테이션 내용을 꿈속에서까지 외울 정도로 독파했다. 정말 누구보다 멋진 첫 시간을 연출하리란 자신감에 가슴이 터질 것 같았다.

아, 그런데 내가 경험한 첫 시간은 나를 끝내 어쩔 수 없는 병아리 교사로 전락시키고 말았다. 종합고등학교 3학년 상과반 한문 시간. 열아홉, 스무 살의 몸집이 큰 시커먼 남학생들과 머리를 닭벼슬처럼 세운 엉덩이 큰 여학생들이 스물셋의 나를 현기증의 세계로 밀어붙였다.

그래도 나는 정말 사력을 다해 필사적으로 태연하려고 안간힘을 썼다. '김혜련! 괜찮아. 이 정도는 아무것도 아냐. 힘내. 첫 시

간을 공략해야 해. 첫 시간 그르치면 평생 괴로움의 연속이라잖아. 힘내. 힘내.'

마음속으로 수없이 주문 비슷한 것을 외우며 용기를 내려 했지만 손가락은 가늘게 떨리고 말소리는 갈라지기 일쑤였다. 그때마다 아이들은 예상 문제지에도 없는 짓궂은 질문을 연쇄적으로 퍼부었고 나는 그만 울고 싶어졌다. 엉덩이까지 내려오는 긴 머리카락, 지금보다는 10kg 이상이 덜했던 가냘픈 몸집, 아직 솜털이 보송보송한 화장기 없는 얼굴, 이 모든 것이 당시 나를 교사로서 인식하지 않고 장난감쯤으로 여겼던 이유인 모양이다.

"야, 인자 그만 좀 하자. 선생님 너무 불쌍하다. 선생님, 수업해요."

교탁 아래 앉은 여학생의 연민 섞인 긴급 제안으로 분위기가 다소 안정되자 나는 서둘러 정신을 수습하고 내가 준비해 온 수업 시나리오를 펼치기 시작하였다.

"선생님, 우리는요 상과생이라 인문계 과목은 필요 없어요. 첫 시간인데 그냥 놀죠."

나는 당황하지 않았다. 논리적인 화술로 왜 한문이 필요한지 꽤 진지하게 설명해 나갔다. 그러자 어수선하고 장난만 걸려 하던 아이들이 차츰 나의 설명에 주의를 기울이기 시작했다.

'그래, 김혜련은 할 수 있어. 천하의 김혜련이 이 정도로 주눅 들면 안 되지. 잘할 거야. 나의 카리스마를 보여줄 거야.'

나는 차츰 자신감이 생기기 시작했다. 처음엔 시선을 어디에

두어야 할지 갈피를 잡지 못했는데 이제 마음의 여유가 조금 생긴 탓인지 학생들의 얼굴을 조금씩 바로 볼 수 있었다.

학생들의 얼굴을 쭉 살피며 설명하고 있는데 내 눈동자는 그만 1분단의 맨 마지막 아이 앞에서 속수무책으로 흔들리고 말았다.

아! 그 자리에 닭벼슬 머리에 유난히 키가 큰 시커먼 남학생이 나를 죽음보다 더한 충격의 절벽으로 몰아세웠다.

3월 2일, 육지엔 봄이 내려와 있지만 남도의 끝인 그 섬엔 겨울보다 더한 추위가 이를 갈고 있었다. 그 추운 교실에서 녀석은 반라의 몸으로 나에게 도전해 왔다. 나도 모르게 눈을 감고 말았다. 방금 전 본 그것이 어떤 상황인지 안경 도수가 정확한 내 눈조차 의심해야 했다. 등에서 식은땀이 흘러내렸다.

녀석은 팬티 라인까지 교복 바짓가랑이를 있는 대로 끌어올려 유난히도 길고 남성미 느껴지는 근육질의 다리를 책상 위에 올려놓고 천연덕스럽게 다리털을 뽑아 공중으로 날리고 있는 중이었다.

흔들리던 내 눈동자가 한순간 녀석의 눈과 겹쳐지고 말았다. 아! 아득한 현기증. 다리가 휘청했다. 녀석은 씨익 웃으며 더 여유 있는 모습으로 더 과장된 동작으로 다리털을 뽑아 내가 있는 방향으로 불어대기 시작했다.

태연을 가장한 나의 이면에는 이 상황을 어떻게 대처해야 하는지 '오, 하느님'을 부르짖으며 허둥댔다. 다행스럽게도 다른 아이들은 아직 눈치를 못 챈 모양이다. 애써 시선을 다른 곳으로 두며 무슨 말을 했는지도 모르게 그 시간을 마쳤다.

　교무실 내 자리에 와서 앉았는데도 가슴은 여전히 두방망이질을 해댔고 다리가 후들거렸다. 한마디로 제정신이 아니었다.

　일주일 후 또 그 반 수업이 있었다. 교무실 문을 나서는 것조차 겁이 났다. 오늘은 그 녀석이 도대체 어떤 엽기적인 행위를 할 것인가? 사실 첫 수업이 끝나고 나는 녀석에 대한 몇 가지 뒷조사(?)를 했다. 그 내용을 종합하면 공부를 못해서 그렇지, 성실하고 착한 학생이라는 것이었다.

　교실 문을 열기 무섭게 내 눈은 녀석의 동태부터 살피기 바빴다. 녀석은 예의 그 자리에 그린 듯이 앉아 있었다.

　나는 전날 밤 교재 연구에 열정을 쏟았던 그 내용을 토해내며 수업에 스스로 취해가고 있었다. 아이들에게 신습한자를 쓰게 하며 둘러보는데 녀석이 엄청난 이벤트를 준비하고 있었던 것이다. 녀석은 1988년 3월 9일, 그날 마침내 전라의 몸으로 내 앞에서 씨익 미소를 날린 것이다. 유난히 바지통이 넓은 교복 바지의 가랑이는 팬티 라인까지 올라와 있었고 상체는 실오라기 하나 걸치지 않은 상태였다. 정말 눈을 뜰 수가 없었다. 정말 이건 너무한 일이 아닌가. 대체 스물셋밖에 안 되는 풋내기 처녀 선생님 앞에서 미치지 않고선 결코 할 수 없는 행위이다. 나는 모른 척하고 아이들이 한자 쓰는 모습을 지켜보았다. 그래도 녀석은 여전히 전라의 모습으로 징그러운 웃음을 흘리고 있었다.

교탁 앞으로 돌아와서 일부러 녀석과 반대 방향을 바라보며 한마디 하고 말았다.

"짜아식, 몸매도 시원찮그만 얼른 가리시지 그래요."

내가 생각하기에도 너무나 우스운 어법 파괴의 문장으로 말하고 있었다. 사실 은근히 겁이 나서 '짜아식'으로 시작했다가 '가리시지 그래요.'로 말을 마무리한 모양이다. 까놓고 말하지만 녀석의 몸매는 다비드상 못지않았다. 울퉁불퉁한 어깨 근육, 잘 발달된 가슴, 긴 다리, 야성적인 털, 까무잡잡한 피부. 녀석은 내가 생각했던 것보다 훨씬 민감한 반응을 보였다. 홍당무라면 아마 그 순간 그 녀석의 얼굴만큼 적절한 비유도 없었다. 녀석의 얼굴은 숫제 귓불까지 완전히 진홍물이 들어 있었다. 녀석이 마침내 고개를 숙였다.

그해 10월이 다 되도록 나는 녀석 때문에 골머리를 앓아야 했다. 각종 이벤트로 나를 곤혹스럽게 했던 것이다. 나는 어느새 녀석을 적으로 생각했고 반드시 무찔러야 할 대상으로 간주하고 있었다.

그해 가을 9월 하순의 밤이 깊어 가는데 느닷없이 자취방 문이 부서질 정도로 누군가에 의해 두드려졌다. 그 섬에 들어가면서부터 나는 지독한 불면증에 시달린 나머지 그날도 잠 못 이루며 FM 라디오를 듣고 있는데 이름만 들어도 무서운 녀석이 방문을 박차고 자취방 안으로 들어왔다. 녀석의 이름은 '김일'이었다. 그 섬의 주먹 세계에선 1인자라는 녀석은 누구도 무서워하지 않는 불사신 같은 놈이었다. 그놈이 그 밤에 내 방에 기습적으로 쳐들어온 것이다. 밤 10시가 넘은 시간인데 녀석은 변변한 살림살이 하나 없는 좁은 자취방에 들어와서 빨간 담요 하나를 의지하고 엉거주춤 앉아 있는 내게 다가와 불쑥 발을 밀어 넣는 것이었다. 공포가 밀려왔다. 그때 나는 선생님이란 위신도 권위도 내세울 수 없는, 그저 작고 여린 겁 많은 처녀 아이에 불과했다.

"선생님은 바보예요. 진짜 바보예요. 세상에 그런 바보가 어딨어요?"

"무슨 말이야? 바보라니? 나 이래 봬도 똑똑하단 소릴 듣고 살았어. 도대체 이 시간에 나타나서 선생님한테 할 소리야 지금?"

나는 은근히 자존심도 상하고 화가 나서 눈물이 나올 것만 같았지만 이를 악물고 참았다.

"(녀석은 내 얼굴 가까이 와서 눈을 물끄러미 바라보며) 선생니임, 그렇게 눈치가 없어요? 선생님 보기보다 더럽게 둔해요. 진짜 모르는 거예요. 모른 척하는 거예요?"

나는 도무지 알 수가 없었다. 녀석의 이야기는 이랬다. 녀석은 문제의 사나이 용석(편의상 이름 한 글자만 바꿨다)이의 짝꿍으로 용석이의 애타는 마음을 전하러 온 메신저였던 것이다. 나를 처음 본 그 순간부터 용석은 나를 사랑해 버린 것이다. 너무나도 사랑하는데 나의 관심을 끌 방법이 없어 그렇게도 기상천외한 행동을 했다는 것이다. 반라를 보이고, 전라를 보이고, 다리털을 뽑고, 금지하는 만화를 보고, 의자 부러진 나무 각목으로 친구들끼리 싸움을 하고, 내가 지나다니는 길목에 서 있고 등등. 그런데도 내가 몰라주더라는 것이다. 그래서 녀석은 짝꿍인 김일이 앞에서 눈물 바람을 보이며 속을 털어놓은 모양이다.

"선생니임, 용석이 그놈 쓸 만한 놈입니다. 그놈 우리 세계 애들이랑 질이 달라요. 너무나도 순진한 놈이 괴로워하는 것 도저히 못 보겠어요. 그래서 이렇게 술 한잔한 김에 선생님께 쳐들어온 겁니다. 그놈의 순정을 짓밟지 마세요."

순진한 나는 그날 밤 잠 한숨 자지 못했다. 도무지 어떻게 해야 할지 신통한 해결 방안이 떠오르지 않았다.

그해 10월 용석은 서울로 취업을 나가고, 나는 녀석이 하굣길에 친구들과 시시덕거리며 떠들다가 내 모습을 발견하자마자 통나무처럼 굳어지고 말던 녀석의 얼굴을 떠올리며 편하게 미소 지을 수 있었다.

이 일은 지금으로부터 18년 전의 일이다. 첫 발령을 받아 꿈을 안고 갔던 교실에서 충격으로 부딪혔던 내 교직사의 첫 장에 적힌 이야기다. 그땐 경험도 짧고 모든 것이 부족하기만 해서 그 아이에게 따뜻한 말 한마디 건네지 못했다.

첫 발령으로 아이들의 기상천외한 행위에 안절부절못했던 새내기 교사로서의 나와 고등학교 3학년이 되어서야 첫사랑, 그것도 하필 선생님을 짝사랑해야 했던 용석이 모두 병아리였음을 이제야 깨달았다. 서툴고 어리석지만 나도 녀석도 순수한 마음으로 아팠던 시절이기에 지금 생각하면 그립고 사랑스럽다.

녀석의 졸업식 날 팔짱을 끼고 사진이라도 한 장 찍어 줄걸 하는 뒤늦은 후회가 생긴다.

나의 애송시
– 가난과 한의 초상화 박재삼의 〈추억에서〉

진주 장터 생어물전에는

바닷밑이 깔리는 해 다 진 어스름을

울 엄매의 장사 끝에 남은 고기 몇 마리의

빛 발하는 눈깔들이 속절없이

은전만큼 손 안 닿는 한이던가

울 엄매야 울 엄매

별 밭은 또 그리 멀리

우리 오누이의 머리 맞댄 골방 안 되어

손 시리게 떨던가 손 시리게 떨던가

진주 남강 맑다 해도

오명 가명

신새벽이나 밤빛에 보는 것을,

울 엄매의 마음은 어떠했을꼬
달빛 받은 옹기전의 옹기들같이
말없이 글썽이고 반짝이던 것인가

박재삼은 김소월, 서정주로 이어진 한국 전통시의 맥을 이은 기억할 만한 시인이다. 그의 시에는 우리 민족의 전통적인 정서인 한(恨)이 질펀하게 드러나 있다. 내가 그의 시를 남달리 좋아하는 이유도 여기에 있다.

나는 가끔 내 정서의 8할은 한(恨)이 아닌가 생각해 본다. 손(孫)이 귀한 종갓집에 시집와서 4년이 넘도록 아이를 낳지 못한 어머니의 한과 4년이 넘어서야 간신히 낳은 아이가 대를 이을 사내애가 아닌, 할머니의 말을 옮기면 아무짝에도 쓸모없는 계집애를 낳은 것으로 인하여 어머니의 한은 물풍선만큼이나 크고 무겁게 부풀었다. 아들도 못 낳는 계집으로 낙인찍혀 모진 시집살이를 혼자 감수해야 했던 어머니의 뼈에 박힌 한이 유년 시절의 나에게 그대로 스며들었다. 어머니의 눈물과 한과 한숨 속에서 자라던 나는 부끄러운 가난과 아버지의 술주정 속에서 많이도 멍들어 갔다.

아버지는 무능력했다. 숫기 없고 순한 성품의 소유자인 아버지는 뚜렷한 직업이 없었다. 내 어린 시절의 아버지는 백운산에 가서 고작 땔감나무나 해 오는 사람일 뿐이었다. 무능력한 아버지는 우리 가족 모두에게 가난이라는 꼬리표를 몇 개씩이나 달아 주었다. 가난해서 병원에도 갈 수 없었고, 가난해서 납부금도 내기 힘들었고, 가난해서 따뜻한 밥을 먹을 수도 없었고, 가난해서 집도 없었고, 가난해서 학용품도 살 수 없었다.

혹독한 시집살이를 꿋꿋이 버텨온 어머니는 누구보다 생활욕이 강했다. 무능력한 아버지를 대신해서 생활 전선에 뛰어드는 전사가 되었다. 살기 위해 안 해본 짓이 없다고 말하는 어머니는 요즘도 그런 이야기를 할 때면 얼굴에 눈물방울부터 번진다. 과일, 멸치, 김, 옥수수, 소금, 고추 등을 거리의 행상이 되어 팔았던 어머니. 그것은 어머니의 한이었고, 어머니를 이 땅에 살아 있게 한 삶의 원동력이었다.

새벽닭이 울기도 전인 첫새벽에 어머니는 다 낡은 몸뻬를 한껏 추스르며 전대를 둘렀다. 어둠이 성큼성큼 밟히는 첫 새벽에 읍내 장터에 나가 과일이며 고추며 멸치며 김이며 옥수수와 같은 신산스러운 삶을 팔았다. 장날이 아닐 때는 시골 거리의 행상이 되어 밤늦도록 그것을 팔았다. 한밤중이 되어서야 덜 팔린 복숭아 몇 개를 광주리에 이고 오는 어머니의 얼굴빛은 창백한 복숭아처럼 푸석했다.

다음 장을 보기 위해 밤새 옥수수를 다듬던 어머니의 얼굴에 번들번들한 달빛이 눈물을 만들어 내는 것을 유년 시절의 나는 몇 번이나 외면해야 했다. 그때마다 안방에서는 아버지의 인사불

성에 가까운 술주정이 흘러나왔다.

　내가 박재삼의 〈추억에서〉라는 시를 좋아하는 이유는 이런 유년 시절의 체험이 있었기 때문이다. 시 속에 나오는 이야기가 나의 유년 시절 어머니의 모습과 너무도 닮아 있기 때문이다. 자전적 화자의 시점에 의해 가난한 유년 시절의 추억을 더듬고 있는 이 시는, 첫새벽에 진주 장터에 나가서 생선을 팔고는 한밤중에 돌아오는 어머니의 고단한 삶과 그에 대한 애틋한 기억을 한의 모티프로 설정하고 있다.

　이 시를 읽을 때마다 나는 가난과 한으로 점철된 내 어머니의 초상화를 그려내는 기분을 경험한다. 어머니의 한을 8할쯤은 이어받은 나는 어머니의 한을 사랑하듯 이 시를 사랑한다.

그리워하라

 죽을 때까지 섬 쪽으로는 고개도 돌리지 않을 것이다. 바다 쪽으로는 눈길조차 던지지 않을 것이다. 이렇게 독기 어린 결심을 하며 도망치듯 그 섬을 빠져나온 지 자그마치 30년하고도 6년이 더 흘렀다.

 "헤이, 미스 김!"
 귀를 막고 싶었다. 합창에 가까운 아이들의 목소리는 아무리 귀를 막아도 바늘 끝으로 고막을 찔러대듯 내 가슴에 시리게 박혔다.
 아침 출근길이나 오후 퇴근길, 살상 무기를 장착한 한 무리의 병사들처럼 기습적으로 나타나 '헤이, 미스 김'을 외치고 내 뒤를 따라오면서 휘파람을 불어대는 10여 명의 남자 고등학생들. 무스와 헤어스프레이로 한껏 자존심을 세운 닭벼슬 닮은 머리 모양, 바닷바람에 그을린 검붉은 피부, 조밥을 연상케 하는 여드름 만발한 얼굴. 그 낯선 섬에서 그들이 무서웠다. 스물세 살 그 꽃다운 나이에 나는 갈꽃이 숨 막히게 머리를 풀어 헤치고 우우거리는 그 섬의 유일한 고등학교에서 교직생활을 시작했다. 새내기 교사라는 푸른 꿈에 젖어 사명감과 열정으로 가슴이 뜨거웠던 나는, 나를 교사로 인식하지 않고 한낱 놀리기 좋은 장난감쯤으로 생각하는지 '미스 김'이라고 야유하듯 불러대는 아이들의 목소리에 얼마나 절망했는지 모른다. 겉으로는 최대한 태연한 척 의연한 척했지만 속으로는 얼마나 큰 상처가 되었는지 지금도 쉽게 지워버릴 수가 없다.

밤 깊은 자취방에 예고도 없이 쳐들어와 협박인지 달콤한 말인지 분간하기 힘든 이야기를 밤새워 만연체로 토해내는 조폭 같은 아이들.

"선생니임, 옆 섬에 사는 놈들이 선생님 손 한번 봐줄 거라네요."

"선생니임, 겁내지 마란 게요. 그 새끼들 징허게 무서분 놈들이지만 저희한테는 쪽도 못 써요. 저희가 지켜줄 텡께 걱정 붙들어 매시랑게요."

밤이 깊어도 돌아갈 줄 모르는 안하무인의 아이들. 최대한 품위 있게 완곡한 말로 그들을 쫓아내고 나면 내 등에는 어느새 식은땀이 흥건히 고여 있곤 했다.

그렇게 몸서리치며 도망치듯 떠나온 그 섬이 어느 순간 나를 부르고 있었다. 애써 외면하고 무시하려 노력했지만 내 귀에 확성기를 대고 어서 오라고 사정하는데 더 이상은 못 들은 척할 수 없었다.

그래서 30년 만에 그 섬에 갔다. 도무지 혼자 갈 용기가 나지 않아 남편과 그의 친구들 부부까지 불러들여 모두 6명이 승용차 2대에 나눠 타고 철선에 몸을 실었다. 바다는 예전의 그 바다였고 무리 지어 끼룩거리는 갈매기도 예전의 그 삽화를 재현하는데 그 섬은 너무 많이 변해 있었다.

어른 다리처럼 기다란 삼치가 햇빛을 받아 눈부시게 펄떡거리던 선착장, 마담의 붉은 입술이 뜨내기손님들의 발길을 잡았던 선착장 맞은편 길다방, 고바우서점, 혜성장, 중앙장, 실비집, 자취집, 구멍가게, 눈물고개. 모두 흔적조차 찾을 수 없었다. 완벽하게 리셋되어 있었다. 지나가는 나이 지긋한 어르신을 붙잡고 30년 전의 사연을 들려주며 내가 살았던 자취집에 대한 소식을 한 꼬투리라도 얻을 수 있을지도 모른다는 기대를 했지만 그것조차 희망사항으로 끝나고 말았다. 이미 오래전 도시구획사업으로 그곳에 있던 건물들은 모두 철거되고 도로로 흡수되었으며 그곳에 살던 사람들이 어디로 갔는지는 알 수 없다는 내용이었다.

허탈했다. '미스 김'이라고 부르던 아이들 앞에서 주저앉고 싶었던 30년 전의 그때처럼 다리에 힘이 풀리고 눈앞이 먹먹했다.

이럴 줄 알았으면 조금 더 빨리 와볼 것을……. 뒤늦은 후회가 가슴을 때렸지만 우습게도 나는 비로소 숨을 쉴 수 있었다. 어쩌면 후련함인지도 모른다. 그토록 징글징글하게 미워했던 그 섬. 그토록 벗어나고 싶어 몸부림쳤던 그 섬. 사실은 많이 사랑했던 모양이다. 겉으로는 몸서리치게 싫어하면서도 최소한 무의식의 저 심연 속에서 민낯의 나는 날마다 그리워했던 모양이다. 그리워서 더 미워했던 것은 아닐까?

사실 지난 30년 가까이 바다 쪽으로는 여행을 가보지 않았다. 바닷가 쪽으로는 고개도 돌리기 싫었던 꽤 아픈 상처 때문이었다. 그러나 이제는 나도 바다로 여행 갈 수 있을 것 같다. 애증의 진짜 이름이 그리움이라는 것을 비로소 깨달았기 때문이다. 오래된 그리움이 나를 그 섬으로 다시 초대한 것이다. 그리움이 아니었으면 내가 어찌 그 섬에 다시 가볼 생각이나 했겠는가.

우리 일행은 짙푸른 바다를 눈앞에서 음미하며 싱싱한 자연산 회와 감칠맛 나는 매운탕으로 여행의 흥취를 한껏 높이고 내 상처 치유에 건배를 들었다.

돌아오는 철선에는 어느 노파가 준 하귤 향이 또 다른 그리움을 낳고 있었다.

제2부

문학 찾아가는 길

그렇게 설레고 실망하고를 반복하다 마침내 경험하게 되는 '팔마문학회' 창립 10주년 기념 문학기행은 그야말로 행복한 가을 여행 자체였다. 어젯밤 도시락거리를 준비하면서 얼마나 가슴 설렜던가. 잠자리에 들어서도 쉽게 잠을 이룰 수 없었다. 유년 시절 가을 소풍을 앞두고 밤새 소풍 가방을 어루만지며 잠 못 이루던 생각이 떠올라 나도 모르게 웃음이 나왔다.

호국(護國)과 문학의 보고(寶庫)
통영을 다녀와서

얼마나 기다려 왔던 문학기행인가? 작년 6월 이후부터 지금까지 기다려 왔으니 자그마치 17개월을 기다린 셈이다. 매년 6월 6일 현충일이면 '팔마문학회'의 문학기행은 어김없이 있었다 한다. 그런데 올해는 여러 가지 사정으로 몇 번이나 미루어지다 보니 결국 10월까지 오게 된 것이다. 당초 10월 27일 일요일로 연기되었다는 소식을 듣고 얼마나 실망했는지 모른다. 공교롭게도 그날이 바로 방송통신고등학교 강의를 나가는 날이기 때문이다. 그토록 기다려 왔던 문학기행이 결국 내가 참석할 수 없는 날로 연기되었다는 소식은 그야말로 허탈함 그 자체였다. 그러나 내년을 기약하면서 마음을 접을 수밖에 없었다.

그러던 차에 뜻밖의 연락을 받았다. 일정이 다시 변경되어 10월 3일 개천절로 결정했다는 반가운 소식이었다. 가슴이 마구 뛰었다. 참석할 수 없다고 애써 마음을 접었었는데 얼마나 다행스러운 일인가.

그렇게 설레고 실망하고를 반복하다 마침내 경험하게 되는 '팔마문학회' 창립 10주년 기념 문학기행은 그야말로 행복한 가을 여행 자체였다. 어젯밤 도시락거리를 준비하면서 얼마나 가슴 설렜던가. 잠자리에 들어서도 쉽게 잠을 이룰 수 없었다. 유년 시절 가을 소풍을 앞두고 밤새 소풍 가방을 어루만지며 잠 못 이루던 생각이 떠올라 나도 모르게 웃음이 나왔다.

새벽녘에 일어나 김밥 도시락을 만들어 놓고, 곤히 잠든 식구들을 반강제적으로 깨워서 아침을 먹이고 남편을 재촉하여 출발 장소로 향했다. 서둘러 온다고 왔지만 내가 막차로 온 지각 회원이 되고 말았다. 동행하기로 약속한 친구는 늑장을 부린 나로 인하여 마음고생을 좀 한 모양이다. 아침 8시 40분에 만나기로 약속하고선 9시에 나타난 내가 얼마나 야속했을까? 회원이 아닌 친구의 입장에서는 더욱 그랬을 것이다. 내가 먼저 와서 친구를 기다렸어야 하는데 그러지 못해 못내 미안하고 마음이 개운치 못했다.

이미 승차한 다른 회원들에게 친구를 소개하고 자리를 잡고 앉으니 뭔가 큰일이나 치른 것처럼 안도의 한숨이 새어 나왔다. 이 버스를 타기 위해 어젯밤부터 얼마나 요란을 떨었던가. 도시락 찬거리를 준비하기 위해 늦은 쇼핑을 마다하지 않았고, 전날 아침부터 가족들에게 당일에는 빨리 일어나야 한다고 몇 번이나 주지시켰다. 만약 늦게 일어나면 아침을 챙겨줄 수 없다고 협박에 가까운 엄포까지 해둔 터였다.

하늘이 도우심인지 날씨까지 청명하여 오늘의 일정이 매끄럽게 진행될 것이라는 좋은 예감을 갖게 했다. 회원들의 얼굴에는 오늘의 여행에 대한 설렘 때문인지 홍조가 번져 있었고 다들 즐거운 분위기였다.

오전 9시 10분 순천문화예술회관에서 출발하여 11시 30분쯤 통영에 도착할 수 있었다. 참가자는 장병호, 김철중, 최순애, 송봉애 씨와 그 아들, 윤광진, 기미순, 박정빈, 박맹식, 이삼례 씨 부부, 양승화, 조태섭, 나와 나의 친구 서문옥 이렇게 15명이다. 사실상 작년에는 관광버스 1대가 거의 찰 정도로 많은 사람들이 왔기에 올해도 그러리라 예상하고 동행하고 싶은 사람을 최소화시켰는데 막상 관광버스를 타고 보니 빈자리가 더 많아 안타까웠고 친구들을 더 데리고 올걸 하는 후회가 생겼다.

《통영바다》의 시인 최정규 님이 우리 회원들과 동행하여 여행지를 안내해 주고 그의 열정적인 문학관(文學觀)을 선물해 주었다. 최 시인은 우리 회원들을 위하여 통영과 관련된 자료를 많이 수집한 듯하였고, 나름대로 공부도 많이 한 듯하였다. 무엇보다 통영 토박이 시인으로서 통영에 대한 자긍심과 애착이 남달라 보였다. 한정된 시간 안에 통영에 대한 모든 것을 보여주려 하는 시인의 열정을 우리는 충분히 느낄 수 있었다.

나이는 들어 보였지만 투철한 문학관과 자기 고장에 대한 애착이 그의 얼굴에 꾸밈없이 나타나 소년처럼 해맑아 보였다.

누군가 내게 내가 사는 고장에 대해 안내해 달라고 부탁한다면 최정규 시인처럼 그렇게 열정적으로 그렇게 해박하게 할 수 있을까? 어림없는 일이다. 나는 이 남도 땅 광양과 순천에서 줄곧 살았지만 이곳에 대한 해박한 지식은 없다. 그저 피상적으로 알고 있는 몇 가지 단편적인 지식이 전부일 뿐이다. 최 시인을 보면서 그러한 나 자신에 대하여 냉정하게 반성하는 계기가 되었다. 정말 시인이라면 아니 그곳의 토박이라면 저 정도는 되어야 하지 않겠는가 하고 몇 번이나 감탄하고 더불어 나 자신이 한없이 부끄러웠다.

최 시인 덕분에 우리는 참 많은 것을 얻고 많은 것을 가슴속에, 머릿속에 담아올 수 있어 뿌듯했다. 단순히 한 바퀴 휘둘러보고 오는 수박 겉 핥기 식의 여행이 아닌, 들르는 곳마다 그곳의 유래, 의의, 역사적 또는 문학적 가치, 현대사적 의미까지 충분히 알고 올 수 있었던 정말 뜻깊은 배움과 깨달음의 시간이었다. 우리 회원들을 위하여 소중한 하루를 기꺼이 희생해 준 최정규 시인에게 고마움을 전하고 싶다.

오전 11시가 넘어가자 우리를 태운 버스는 호국의 성지를 의미하는 문(門)인 원문 검문소를 통과하고 있었다. 최 시인의 설명에 의하면, 옛날에 이곳에 양반들이 들어올 때는 갓을 벗어 나무에 걸어두고 올 만큼 이곳에서만은 양반 행세를 할 수 없었다 한다. 그만큼 자유분방한 곳이라는 뜻일 것이다.

경상남도 통영은 1개 읍과 6개 면, 11개 동으로 이루어져 있고, 유인도 41개, 무인도 109개 등 총 150개의 부속 도서로 이루어진 한려해상국립공원에 해당하는 아름다운 도시였다. 최 시인은 통영의 특징을 세 가지로 요약하여 소개했는데, 그것은 다음과 같다.

첫째, 한산대첩의 구국(救國) 성지(聖地)이다.

둘째, 조선 수군의 본거지 통제영이 설치된 역사 도시이다.

셋째, 국가 지정의 유·무형의 문화재가 매우 많은 곳이다. 갓, 나전칠기, 장승, 민간 제례악, 별신굿 등이 그것이다.

뿐만 아니라 많은 예술인들을 배출한 예향의 고장으로, 시조 시인 김상옥, 시인 유치환, 극작가 유치진, 소설가 박경리, 음악가 윤이상 등 우리나라 현대 예술사를 화려하게 장식한 기라성 같은 예술인들이 이곳 출신이다.

오전에는 향토 역사관, 세병관, 소설가 박경리 여사 생가, 충렬사를 답사했다.

먼저 향토 역사관은 통영의 역사와 문화를 한자리에서 보고 듣고 배울 수 있는 즐거움을 선사해 주는 곳이었다. 선사/고대·중세 전시실, 임진왜란 전시실, 통제영 전시실, 통제영 12공방 전시실, 민속/일제강점기 전시실, 중요 무형문화재 전시실로 구성

되어 있어 자기가 관심 있는 부분을 찾아가서 자세한 사항을 알 수 있는 즐거움이 있어 좋았다. 그 중 특히 나의 관심을 끄는 것은 통제영 12공방 전시실이었는데, 많은 물품들이 제 목소리를 내며 잘 정리되어 있었다. 통제영의 각종 군수품 및 진공품 생산을 위한 선자방(扇子房) 및 입자방(笠子房), 총방, 상자방(箱子房), 화원방(畵員房), 소목방(小木房), 야장방(冶匠房), 주석방(周錫房), 동개방, 칠방(漆房), 화자방(靴子房), 안자방(鞍子房), 은방(銀房) 등을 갖춘 12공방은 조선 시대 지방의 외공방으로는 그 규모가 제일 컸을 뿐 아니라, 가장 정교하고 우수한 제품을 생산하기로 이름났었다. 그 맥은 오늘날 통영의 전통공예로 이어지고 있다. 때마침 오늘이 '제5회 통영 나전칠기 축제'의 마지막 날이라 통영 나전칠기의 참맛을 느낄 수 있는 기회가 주어져서 얼마나 다행인지 모른다. 나전칠기란 옻칠 바탕에 무지갯빛 영롱한 전복 껍데기를 붙이고 그림과 무늬를 놓아 제작하는 장식 기법이다. 모양새가 정교하며 색깔이 화려하여 장인의 예술혼을 충분히 느낄 수 있었다. 나이 들면 조용한 시골에 소박한 집을 한 칸 짓고 방 안에 가장 작은 나전칠기 소품을 하나 갖다 두고 싶다. 살면서 심란하거나 우울할 때마다 마른걸레를 꺼내 그 작은 나전칠기 소품을 정성스레 닦으며 마음을 수양하고 싶다.

    세병관(洗兵館)의 '세병(洗兵)'은 '병기(兵器)를 씻는다.'라는 뜻으로 중국의 유명한 시인 두보의 시구에서 그 이름을 따왔다 한다.

1603년 이순신 장군의 전공을 기념하기 위해 건립한 곳으로, 후에 삼도 수군 통제영으로 사용되며 조선 수군의 총본산 역할을 했다 한다. 특히 이곳은 현존하는 목조 건축물 중에서 경회루, 진남관과 함께 평면 면적이 큰 건물의 하나라는 점이 주목할 만했다.

박경리 여사의 생가는 잘 보존·관리되지 않은 듯했다. 꼬불꼬불 골목길을 더듬어 들어간 곳은 달동네와 흡사했다. 아주 작고 별 꾸밈새 없는 소박한 시골집이었다. 처마가 낮으며 작은 방이 두 칸 있고 마당이랄 것도 없이 좁은 마당 귀퉁이에 작은 텃밭이 있는 가난한 냄새가 흐르는 시골집이었다. 더욱이 놀라운 사실은 현재 그 집에 사는 사람조차 그곳이 박경리의 생가였다는 것을 모르고 있었다는 점이다. 우리 회원들이 그 집 앞에 모여 살펴보는 것이 신기했던지 마을 사람 몇몇이 나와 우리 일행을 구경하면서 하는 말이 박경리가 누구냐는 것이었다. 마을 사람들은 박경리에 대하여 전혀 모르고 있는 듯했다. 우리 현대 소설 문학사에 한 획을 그을 정도의 작품을 쓴 작가인데도 그가 태어난 고향에서조차 무관심과 외면의 대상으로 여겨져 왔다 생각하니 문학을 사랑하는 한 사람으로서 안타깝기 그지없었다.

안타까운 마음을 애써 떨치며 명정동에 있는 충렬사로 향했다. 이곳은 이충무공의 위업을 기리기 위해 위패를 모시고 있는 곳으로 본전, 정문, 중정문, 충무당으로 되어 있었다. 무엇보다 자랑스러운 것은 명나라에서 이충무공에게 친히 내린 팔사품이 보관되어 있고 그것을 그림으로 그린 병풍이 있다는 사실이다. 명나라에서조차 이충무공을 대단한 명장으로 인정했다는 증거가 아니고 무엇이겠는가.

또 한 가지 특기할 만한 것은 충렬사에 있는 수목들이었다. 두터운 세월의 흔적을 느낄 수 있는 아름드리 태산목이 보는 이를 제압하는 듯했고, 똑같은 종류의 나무를 좌우에 나란히 심어 음양의 이치를 따르고자 한 점이 인상적이었다.

한정된 시간 속에서 부지런히 움직여 여러 곳을 답사한 오전 일정을 마치고, 조금 늦은 감이 있는 점심을 먹었다. 송 총무의 정성과 사랑으로 만들어진 점심식사는 그야말로 천상천하 유일무이였다. 송 총무는 요리사 자격증이 있다고 했는데 그 말이 단순한 농담 같지는 않았다. 화기애애하게 담소를 나누며 참으로 맛있는 점심을 먹을 수 있다는 사실이 얼마나 행복했는지 모른다. 어디로든 여행을 떠나면 유람의 기쁨도 크지만 먹는 즐거움 또한 크지 않은가.

점심식사 후 여흥을 즐길 시간도 없이 한산도 '제승당'을 답사하기 위하여 오후 3시에 배를 탔다. 선상에서 보는 바다 위로 펼쳐진 경치는 한려수도라는 말이 부끄럽지 않을 만큼 아름다웠다. 점점이 떠 있는 섬과 에메랄드빛 바다, 서둘러 비집고 들어오는 기분 좋은 바람, 여유를 즐기며 선회하는 갈매기 모두 하나로 어우러진 조화미 넘치는 동양화 같았다.

한산도 '제승당'에서 가장 여유 있게 답사를 즐길 수 있었다. 시간적 여유가 있어서인지 마음까지 넉넉해지는 기분이었다. '제승당'은 이충무공이 삼도수군통제사를 제수받아 막료 장수들과 작전 회의를 하던 자리에 있었다.

한산셤 달 발근 밤의 수루에 혼자 안자
큰 칼 녀픠 차고 기픈 시름 하는 적의
어듸셔 일성호가(一聲胡茄)는 남의 애를 긋나니

충무공의 나라를 향한 충정과 장수로서의 고독과 수심을 엿볼 수 있는 이 시조가 우리 일행을 맞이하였다.

어둠이 검은 물감을 조금씩 풀어내는 석양을 따라 미륵도에 도착하니, 어느새 눈앞을 가로막는 검푸른 어둠과 굵은 빗줄기가 낯선 손님을 맞이하는 양 수선을 떨며 후드득거렸다. 태평양 어디쯤에선가 들려오는 듯한 천둥소리에 묘한 스릴이 느껴졌다. '달아 공원'에 뛰다시피 올라 좌우를 바라보니 점점이 박힌 작은 섬들과 조용히 기도하는 듯한 바다가 오히려 두려웠다. 굵은 빗줄기가 비명을 지르며 떨어지고 까마득히 아래로 보이는 어지럼증 돋우는 바다와 낯선 섬과 저 멀리 보이는 비현실적인 불빛들이 어딘지 모르게 위압적이었다. 이곳이 바로 '달아 공원'이었다.

벤치와 휴게소, 정자가 잘 조성되어 있어 날씨 좋은 날은 땀을 식히며 미륵도 주변의 경관을 한눈에 조망할 수 있을 듯했다.

'달아 공원'을 내려오니 어둠과 빗방울이 더해져 발길을 재촉하고 있었다. 비만 오지 않았어도 좀 더 여유 있게 '달아 공원'의 주변 경관을 조망하며 운치 있는 야경을 음미할 텐데 하는 아쉬움이 남았다.

다시 관광버스에 몸을 싣고 통영 시내로 들어오니 최정규 시인과의 아쉬운 이별이 기다리고 있었다. 우리 회원들을 위해 하루를 아낌없이 동행해 준 최 시인과의 이별이 못내 아쉬웠다. 최 시인을 모시고 순천까지 오고 싶은 부질없는 마음까지 생겼다.

순천을 향해서 돌아오는 버스 안에서 몇 가지 행사를 하였다. 첫 번째는 '팔마문학기행'으로 6행시를 짓는 '미니 백일장 대회'가 그것이다. 모든 회원들이 참여하여 기지와 의미를 조합한 멋들어진 작품을 즉석에서 써서 낭송하는 시간이었다. 수준급의 작품들이 많았다.

두 번째는 오늘 답사한 곳과 관련된 내용을 퀴즈 형식으로 풀어보는 '퀴즈 대회'였다. 퀴즈를 맞힌 회원에게는 푸짐한 아니 꼭 필요한 생활필수품이 상품으로 주어졌다. 그래서인지 회원들의 참여 열기는 상당히 뜨거웠다. 나 역시 그런 분위기에 편승하여 상품을 세 가지나 탔는데, 모두 생활에 꼭 필요한 그러면서 지극히 소박한 물건이어서 여간 뿌듯한 게 아니었다. 여행 와서 살림까지 장만했으니 주부로서 이보다 좋은 일이 있을까. 게다가 동행한 친구도 몇 가지 상품을 타서 더욱 흐뭇했다. 귀한 시간을 내서 동행한 친구에게 마땅히 줄 것도 없었는데 잘되었다 싶었다.

그 굵던 빗줄기는 어느새 자취를 감추고 낯익은 바깥 풍경들이 어둠 속에서 번질거릴 때쯤 우리가 탄 관광버스 안에서는 노래로 인한 여흥이 한창 무르익고 있었다. 한 사람씩 돌아가면서 노래하는 것인데 여간 난감한 게 아니었다. 평소 음치라는 이름표를 달고 다니는 나 같은 경우는 사실상 노래를 불러야 한다는 것이 굉장한 스트레스가 되기 때문이다. 그래도 위기의 순간을 적당히 얼버무려 무사히 통과한 것이 다행이었다. 평소 한 번도 들어본 적 없는 회원들의 노래를 들을 수 있었다는 점이 그런대로 위안이 되었다.

회원들의 노래가 다 끝날 즈음 우리가 탄 관광버스는 그새 그리웠던 낯익은 아니 마냥 마음이 편한 순천에 몸을 풀고 있었다. 서로 아쉬움의 악수를 나누며 각자의 집을 향해서 바삐 걸어가는 모습이 여독조차 잊게 했다.

아파트 현관문을 열고 몸을 부리니 시계는 어느새 밤 10시를 향해 달리고 있었다. 참으로 빡빡한 일정이었지만 피곤하기보다는 뿌듯한 마음이 앞섰다. 가슴에 커다란 그리고 너무나 벅찬 깨달음과 산지식을 가득 담아온 듯한 흡족함이 느껴졌다. 이 세상에 태어나서 이렇게 흐뭇한 여행을 하기는 처음이었다. 명승지

나 유적지에 가면 대충 둘러보고 안내문이나 몇 줄 읽고 사진이나 찍고 오는 정도였는데 이번 여행은 무엇인가를 가득 채우고 온 깨달음의 시간이었다는 것이 큰 보람이었다. 다만 아쉬운 것은 일정이 너무 빡빡해서 여유 있게 둘러보지 못한 점이다. 다음에 기회가 주어진다면 학생들 수학여행처럼 적어도 하룻밤 정도는 숙식을 같이하며 차분히 둘러보고 싶다. 그리고 둘러본 내용을 충분히 음미해 보고 싶다.

이번 여행이 내게 더욱 의미가 있었던 이유는 여고 때 친구와 졸업 후 처음으로 같이 여행을 했다는 점이다. 전업주부로서 또는 맞벌이 주부로서 하루하루 살기 바쁘다 보니 이런 기회가 좀처럼 없었는데 정말 행운이 아니고 무엇이겠는가.

감춰진 보석 현구 시인을 그리는 강진 문학기행

    2008년 6월 6일 금요일, 팔마문학회 문학기행은 전남문협 심포지엄과 연계하여 강진, 완도 지역을 중심으로 이루어졌다.

    아침 8시 30분, 순천청암대 육교 앞에 집결하여 여수문인협회 회원들을 싣고 오는 관광버스에 8시 40분쯤 승차하여 목적지를 향해 출발하였다.

    순천에서 참석한 사람은 박정빈, 장병호, 윤광진, 최순애, 김계선, 양승화, 양승화 님 친구, 송봉애, 이종희, 조숙일, 김종춘, 이선애, 김혜련, 김혜련의 동료 교사 이정선 님 등 모두 14명이다.

    전남문협과 강진문협 주최로 열린 이 행사는 영랑의 그늘에 가려 빛을 보지 못한 숨겨진 보석 같은 시인 김현구 님을 재조명하기 위해 '현구 시와 삶의 재조명'이라는 주제로 열린 심포지엄이 이루어졌다.

1부 개회식은 김민규 사무국장의 개회사, 조수웅 전남문협회장의 인사말, 양치중 강진문협회장의 환영사, 황주홍 강진 군수의 축사, 이선애 님의 축시 낭송 등으로 진행되었다. 특히 2008년 서울신문 신춘문예에 시로 당선되어 우리 지역의 문학적 위상을 높여준 이선애 님의 축시 낭송은 딱딱한 의례에 문학적 향기를 불어넣는 역할을 하였다.

2부는 '현구 시와 삶의 재조명'이라는 주제로 본격적인 심포지엄이 이루어졌다. 전남문협 수석부회장 김목 님의 사회로 진행되었다. 광주교대 전원범 님이 발제자로 나왔고, 강진문협회장인 양치중 님, 강진문협부회장인 이순자 님, 시인이자 현경고 교감인 윤영훈 님이 알찬 내용으로 진지하게 발표하여 현구 시인에 대한 이해의 폭을 넓혀주었다.

우리는 흔히 '남도 답사 일 번지 강진' 하면 〈모란이 피기까지는〉의 주인공 시인 김영랑을 떠올리곤 한다. 그러나 영랑과 함께 동인 활동을 하며 순수한 서정 세계를 펼쳤던 강진이 낳은 시인 김현구에 대해선 모르는 이가 너무도 많다. 그늘 속에 감춰져 있는 보석 같은 시인을 찾아 그의 문학 세계를 음미한다는 것은 문학에 관심이 있는 이로선 참으로 뜻깊고 행복한 경험임이 분명하리라.

김현구(1903~1950) 시인은 1930년 영랑 김윤식 시인과 용아 박용철 시인의 천거로 《시문학》 2호(5월)에 〈임이여 강물이 몹시도 퍼렇습니다〉를 비롯한 네 편의 시를 발표하면서 등단했다. 시집 발간을 위해 영랑에게 원고를 맡겼으나 불행하게도 6·25가 터지면서 영랑이 원고를 분실해 시집을 펴내지 못했다. 그러다가 선생의 사후 20년 만인 1970년에 유족들을 비롯한 현구기념사업회에서 유고시집《현구시집(玄鳩詩集)》이 출간됐다. 생전 시집 한 권 내지 못했을 만큼 감춰진 시인이다. 그런 시인을 이 자리에서 미미하나마 재조명하여 세상 밖으로 불러내 본다는 것은 조명받지 못한 지방 문인의 한 사람으로서 공감대가 조성되는 일이다.

간단한 질의응답이 끝나고 강진 읍내에 있는 아담한 식당에서 바지락 회무침 정식으로 점심 도장을 확실히 찍었다.

식사를 마치고 영랑 생가에서 팔마문학회 기념 촬영을 하고 삼삼오오 짝을 지어 영랑 생가 구석구석의 아름다움과 선생의 체취를 느끼는 데 흠뻑 빠질 수 있었다.

선생의 대표작 〈모란이 피기까지는〉에 나오는 모란은 벌써 꽃봉오리를 다 떨어뜨리고 꽃의 흔적 하나 없이 푸른 꽃대와 잎사귀만 무성하여 오히려 찬란한 슬픔을 더욱 절감하게 했다. 우리 말을 아름답게 조탁하는데 누구보다도 열정적이었던 영랑 생가답게 안채, 사랑채, 정원 모든 것이 아기자기하게 잘 복원되어 있었다. 선생의 모습을 본뜬 밀랍인형은 세월의 흔적을 진솔하게 보여주는 듯했다.

다음에 들른 곳은 김현구 선생 생가였는데 아쉽게도 이미 다른 사람의 소유물이 되어 있어 마음 놓고 들여다보기도 쉽지 않은 일이었다. 문화해설가 양치중 님의 말에 의하면 그 집 안을 쳐다보거나 하면 그 집주인이 싫어한다고 했다. 그것도 이해가 되지 않은 것은 아니나 숨겨진 보석 같은 시인이 살았던 집에 들어가 마룻바닥이라도 만져보고 싶은 아니 거기 묻은 먼지라도 만져보고 싶은 순수한 욕망을 눌러야만 한다는 것이 안타깝기도 했다.

다시 버스를 타고 사의재(思宜齋)를 향해 출발하였다. 사의재는 다산 선생이 강진에 유배 와서 처음으로 기거했던 동문 밖 주막집으로 최근에 재현되었다고 한다. 모든 사람들이 다산을 파리 쫓듯 멀리했을 때 그곳 매반가의 할머니만 다산 선생에게 거처할 방을 내주어 선생은 이곳에서《경세유표》,〈애절양〉등 주옥같은 글을 쓸 수 있었다. 1801년 11월 23일, 처음 묵은 이래 자그마치 4년이란 시간 동안 이곳 주막 뒷방에서 살았다 한다. 아담하고 소박하게 꾸며진 집으로 돌담길, 초가집, 연못, 우물 등이 그 옛날의 정취를 자아냈다.

사의재는 생각, 용모, 언어, 동작 이 네 가지를 올바로 하는 이가 거처하는 집이라는 뜻이다. 생각은 맑게 하되 맑지 않으면 더욱 맑게 해야 한다는 것이고, 용모는 단정히 하되 단정치 못하면 더욱 단정히 해야 한다는 것이며, 언어는 요점만 말하되 말이 많으면 더욱 말을 줄여야 한다는 것이며, 행동은 조심스레 하되 조심스럽지 못하면 더욱 조심히 해야 한다는 뜻이다. 아마도 유배

생활을 하던 다산 선생 스스로의 다짐이며, 도덕적 거울이었는지 모른다.

재촉하는 안내자의 성화에 못 이겨 사의재의 참맛을 다 느끼지도 못하고 아쉬운 마음으로 버스에 올라야 했다.

버스는 본디 섬이었던 완도군 약산면을 육지로 재탄생시킨 약산대교로 들어서고 있었다. 천혜의 아름다운 자연과 인간의 손길로 잘 다듬어진 약산은 그리 크지는 않았으나 평화롭고 한적한 시골 마을이었다. 곳곳에 다시마가 널려 있고 어쩌다 보이는 사람들의 얼굴에는 순박함이 전해져 왔다. 강진에서부터 안내 역할을 자처한 강진문협회장이자 문화해설가인 양치중 님의 재미있고 의미 있는 해설과 입담 덕분에 얻은 것이 많았고 즐거웠다.

고금면에 딸린 작은 섬 묘당도에는 이순신 장군의 유적지가 있다. 정유재란의 마지막 해인 1598년 2월 17일, 충무공이 수군 8,000여 명을 거느리고 고하도로부터 이곳으로 옮겨와서 진을 쳤고, 그해 7월 16일에는 명의 원병으로 진린 장군이 5,000명의 수군을 이끌고 고금도에 도착하여 연합전선을 펼침으로써 왜적의 침입을 막아냈던 유서 깊은 곳이다.

이곳 답사를 마친 참석자들은 전남문협이 준비해 온 다양한 먹거리를 맛보며 모처럼 우정을 다지는 시간을 가졌다.

버스는 다시 출발하여 마량포구를 향했다. 마량포구 선착장의 방파제가 눈이 시리도록 파란 바닷물과 어우러져 시야를 가득 채

왔다. 예술적 감각이 넘치는 조명시설과 미적 감각이 돋보이는 편의시설, 우레탄이 깔린 부드러운 바닥, 곳곳에 보이는 시비(詩碑), 돌 조각품들이 파란 바다와 어우러져 동서양화를 혼합해 놓은 것 같은 다양한 아름다움을 선물했다. 대낮이라 야경을 볼 수 없어 안타까웠다. 모르긴 해도 야경은 그야말로 황홀하고 환상적일 것 같아 못내 아쉬웠다. 아름다운 조명과 번들거리는 바닷물을 바라보며 감상하는 야외 음악공연은 또 얼마나 황홀할 것인가.

아쉬움을 가슴속에 차곡차곡 담아 넣고 강진 문인들의 배웅을 받으며 순천을 향해서 버스는 출발했다. 버스 안에서 여수문협 회원들과 한바탕 흥겨운 노래잔치가 펼쳐졌다. 우열을 가리기 힘들 만큼 탁월한 노래 실력에 모두들 박수갈채를 보냈다. 그중에서 특히 팔마문학회 회원 양승화 님의 판소리 공연은 좌중을 압도하는 위력을 발휘했으며 같이 소리를 배운다는 동행자의 판소리 또한 나름의 호소력으로 즐거움을 더해주었다.

2009년 팔마문학회 문학기행을 기대하며 2008년 팔마문학회 문학기행의 흔적을 몇 장의 종이에 남기며 펜을 놓는다.

끝으로 현구 시인의 서정성 짙은 시 한 수를 읊조리며 글을 맺는다.

임이여 강물이 몹시도 퍼렇습니다

김현구

한숨에도 불려갈 듯 보오야니 떠 있는
은빛 아지랑이 깨어 흐른 머언 산둘레
굽이굽이 놓인 길은 하얗게 빛납니다
임이여 강물이 몹시도 퍼렇습니다

헤여진 성들에 떨던 햇살도 사라지고
밤빛이 어슴어슴 들 위에 깔리어 갑니다
훗훗 달은 이 얼굴 식혀 줄 바람도 없는 것을
임이여 가이 없는 나의 마음을 알으십니까

제3부

책으로 교감하다

그러나 그것은 언어유희에 그친 허황한 소문만은 아니었다. 그녀는 정말 기자를 만나 행복한 결혼을 하기 위해 교직을 그만두고 서울로 갔다. 그녀가 떠나던 날 가을 햇살은 유난히도 찬란했다. 눈이 부셔서 도무지 얼굴을 들 수 없을 만큼 빛나는 햇살이 교실 유리창을 온통 색칠하고 있었다.

고단한 영혼을 위로하는 한계령이여
- 양귀자의 소설 〈한계령〉을 읽고

1. 가을 속으로 떠난 양귀자

그해 가을, 나는 참 많이도 울었다. 교실 책상에 얼굴을 묻고 울음소리를 짓씹으며 울고 또 울었다. 졸업을 몇 달 앞둔 중3의 가을 어느 날 우리 교실은 눈물바다, 울음바다로 흥건해지고 있었다.

양귀자. 그녀가 아직 보호받아야 할 풋내기 여중생을 버리고 행복을 찾아 떠난 날이다. 그때 우린 참 중요한 시기에 놓여 있었다. 미래에 대한 막연한 두려움과 고등학교 진학 문제로 가슴을 앓던 시절이었음에도 우리는 행복했다. 우리들 뒤에는 양귀자라는 이름의, 바람조차 막아줄 것 같은 제2의 엄마인 담임 선생님이 굳건히 버티고 있었기 때문이다. 그래서 학교 가는 것이 즐거왔다. 그녀의 능청스러운 입담과 유머가 양념처럼 들어간 국어 시간이 기다려지곤 했다.

그런데 그토록 우리들을 행복하게 했던 그녀가 정말 한마디 예고도 없이 어느 날 문득 우리들 곁을 떠난 것이다. 양귀자라는 사람이 기자라는 직업을 가진 남자와 결혼한다는 정말 말장난 같은 소문이 떠돌았다. 썰렁한 유머의 달인인 혜정이의 말에 우리는 모두 콧방귀를 뀌었다. 웃기려면 수준 좀 높이라고 비아냥거리는 여유까지 보였다.

그러나 그것은 언어유희에 그친 허황된 소문만은 아니었다. 그녀는 정말 기자를 만나 행복한 결혼을 하기 위해 교직을 그만두고 서울로 갔다. 그녀가 떠나던 날 가을 햇살은 유난히도 찬란했다. 눈이 부셔서 도무지 얼굴을 들 수 없을 만큼 빛나는 햇살이 교실 유리창을 온통 색칠하고 있었다. 그녀가 말했다. 그 큰 눈을 껌벅거리며 간신히 내뱉은 그녀의 말은 열여섯 살 소녀들의 가슴을 한없이 적셨다.

"……지금 비록 여러분 곁을 떠나지만 여러분이 졸업하는 날 꼭 와서 여러분의 졸업을 축하해 줄게요. 꼭 올게요……."

우리들의 바람막이이자 풋내기 소설가인 그녀는 그해 가을 그렇게 떠났다.

그 후 그녀는 우리 시대를 대표하는 유명한 소설가가 되어 여러 잡지나 신문지상을 통하여 글이나 얼굴을 심심찮게 보여주고 있었다. 그녀가 유명해질수록 우리들의 마음 한구석에서는 서운함과 배신감, 그리고 그리움까지 커가고 있었다.

열여섯 살. 꿈으로 부풀었던 소녀들의 가슴에 너무도 선명한 약속을 찍어놓고 가서는 두 번 다시 돌아오지 않았던 그녀를 우리는 참 많이도 원망했다. 졸업식 날 꼭 와서 졸업을 축하해 주겠다던 그녀는 끝내 우리들 곁에 모습을 보여주지 않았다. 2월의 찬 바람을 맞으며 운동장에서 졸업식을 하던 날 우리 반 아이들은 시계를 보며 그녀가 나타나기를 얼마나 기다렸는지 모른다. 오직 그녀의 출현에만 신경을 쓴 나머지 교장 선생님의 회고사도 후배들의 송사도 전혀 기억에 없다. 졸업식이 끝났다. 다른 반 아이들이 모두 사라진 2월의 운동장에는 차가운 먼지바람과 우리 반 아이들만 덩그러니 남아 있었다. 우리는 추위에 떨며 한때는 우리들의 엄마였던 그녀를 기다렸다. 먼지바람이 단발머리를 헝클고 볼을 때렸다. 눈물이 났다. 누군가 말했다.

"선생님은 우리 따윈 이미 잊어버린 거야. 결혼 생활이 너무 행복해서 우리하고 한 약속은 아무것도 아닌 거야. 정말 너무 했어. 흐으윽……."

그 애의 말이 끝나기 무섭게 이쪽저쪽에서 아이들의 울음소리가 들렸다.

어리기만 했던 그땐 오직 배신감으로 가슴이 아팠다. 선생님을 존경했는데 선생님도 그저 그렇고 그런 거짓말쟁이 어른에 불과하구나 하는 생각으로 일기장에 빼꼭하게 선생님 욕을 쓰기도 했다.

24년이나 지난 일이다. 그래도 나는 그 일을 잊을 수가 없다. 존경하고 믿었던 선생님이었는데 순진한 우리들 가슴에 배신이라는 상처를 새겨준 사람. 양귀자 선생님은 그 약속을 기억하고 있을까? 지금 나도 그때 선생님처럼 교단에 서서 국어를 가르치고 있다. 교직 경력이 17년이나 되었지만 아이들 앞에서 쉽게 약속 같은 것은 하지 않는다. 양귀자 선생님의 약속 탓일 것이다. 물론 선의로 한 약속이겠지만 그로 인하여 본의 아니게 아이들이 상처받을 수도 있으므로. 나는 적어도 선생님처럼 아이들에게 그런 유의 상처는 주고 싶지 않기 때문이다. 교사가 되어서 지난날 선생님이 우리에게 했던 약속과 그 약속을 지키지 않은 선생님의 행위를 곰곰이 생각해 본다. 정말 철부지 소녀였던 우리들 따윈 잊은 것이었을까? 아니면 정말 피치 못할 이유가 있었을까? 만약 그렇다면 우리들 중 누군가에게라도(학급 반장) 미리 연락을 줬어야 하지 않을까? '피치 못할 일이 생겨서 너희들 졸업식에 못 가니 용서해 주렴.' 하는 식으로 말이다. 그녀를 만날 기회가 주어진다면 꼭 한번 묻고 싶다.

"선생님, 왜 그때 우리들에게 한 그 약속을 지키지 않으셨어요?"

2. 〈한계령〉으로 위로하는 양귀자

내가 〈한계령〉을 다시 만난 것은 작년 겨울이다. 불혹의 초입에 들어서는 앙상한 시간들 탓인지 심신이 스산하고 무슨 일이든지 손에 잡히지 않을 무렵이었다. 퇴근길 시내버스 속에서 흘러나오는 양희은의 〈한계령〉이라는 노래가 내 가슴을 예고 없이 쳐대는 것이었다. 무슨 까닭인지 그 노래를 다 듣고 났을 때 주부습진으로 붉어진 마른 손등에 굵은 눈물방울이 굴러 흐르고 있었다. 왜 그렇게 가슴이 먹먹하게 아려왔는지 지금도 그 이유를 논리적으로 설명할 자신이 없다. "……저 산은 내게 잊으라, 잊어버리라 하고 내 가슴을 쓸어내리네……."

쌀을 씻어 전기밥솥에 넣고 스위치를 올린 다음 나는 얼마쯤의 먼지와 한 몸이 되어버린 양귀자의 소설 〈한계령〉을 펼쳐 들었다. 사실 이 작품을 읽을 때 나는 작품 자체보다 이 작품을 쓴 작가 양귀자를 더 많이 생각했다. 아니 양귀자 선생님을 더 많이 생각했다. 약속을 지키지 않았던 중학교 때 담임 선생님 양귀자를 더 많이 떠올리며 원망했고 그리워했다.

이젠 불혹의 나이인 나로서는 그런 치기 어린 독서 습관 따윈 버릴 때도 되었다. 작품 자체를 만나자. 수없이 내게 암시를 주며 나는 이 책을 집어 들었다. 그랬더니 작품 속 주인공인 밤무대 가수 박미화 아니 미나 박이 남 같지 않았다. 그녀가 바로 나라는 생각이 들었다. 험한 산봉우리를 넘는 기분으로 고단한 삶을 힘겹게 살아온 그녀. 이젠 목소리도 갈라지고 젊음도 사라졌지만 그래도 혼신의 힘을 다하여 가파른 인생 같은 노래를 부르는 그녀. 나 역시 가난 속에서 어렵게 어렵게 사범대를 졸업하고 교단에 서서 목이 쉬도록 아이들을 가르치고 야간 보충수업까지 하며 가난에 부수되는 한의 굴레를 벗어버리려고 무던히도 몸부림쳤는데 어느새 불혹의 나이에 부딪혀 목소리는 탁해지고 거울 속에는 흰 머리카락이 더 익숙한 고단한 모습으로 서 있다. 자화상이라고나 할까?

  이 작품에 나오는 또 하나의 고단한 삶의 양상을 보여주는 사람은 서술자인 '나'의 큰오빠이다. 작품 속에서 큰오빠는 아버지를 일찍 여의는 바람에 가장 역할을 대신해 왔다. 여섯이나 되는 동생들과 늙은 어머니를 먹여 살려야 했다. 자신의 헌신적인 노력 덕분에 동생들이 사회에서 그 나름대로 번듯한 자리를 차지하며 생활하고 있다. 돈도 벌 만큼 벌었다. 그러나 노쇠해 가는 삶의 깊은 구멍은 큰오빠를 점점 무너지게 했다. 몇 년 전에 대수술로 겨우 목숨을 건진 이후부터 큰오빠의 삶은 눈에 띄게 흔들렸다. 열심히 뛰어 도달해 보니 기다리는 것은 허망함뿐이라는 잦은 한탄은 작위적인 소설 같지 않게 내 가슴으로 올곧이 스며들어 왔다. 누군들 그러지 않을까? 아등바등 힘겹게 살아온 지나간 삶을 되새겨 보면 허탈하다는 생각을 지우기 어렵다. 가슴이 먹먹하도록 허전하고 서러운 느낌들이 눈동자를 빨갛게 만든다.

 내 어머니의 삶이 그랬고 내 아버지의 삶이 그랬고 나의 삶이 그렇다. 누군가를 위하여 앞만 보며 뛰어온 가파른 삶, 일하지 않으면 무슨 죄라도 짓는 것처럼 한눈팔지 않고 부지런히 일만 하며 젊음을 다 보내버린 이 땅의 서글픈 소시민들의 가슴 저민 이야기를 담담할 만큼 담백하게 그리고 있는 작품이다. 작가의 담담한 필치가 오히려 더 읽는 이의 가슴을 파고들며 아프게 친다.

 작가는 박미화나 큰오빠를 통해서 우리 시대를 살아가는 상처 입은 소시민들의 고달픈 삶에 대한 잔잔한 연민과 애정을 보여주고 있다. 사람들은 누구나 마음의 상처를 가지고 살아갈 수밖에 없다. 그것이 만약 운명이라면 거부하기 위해 몸부림치며 파멸하기보다 담담하게 받아들이며 묵묵히 살아가야 한다는 것이 작가의 생각이 아닌가 싶다. 밤무대 가수 박미화(미나 박)가 부르는 〈한계령〉이라는 노래는 그러한 고단한 소시민들의 삶의 상처와 허탈함을 감싸안아 주는 위로의 손길이 아니고 무엇이겠는가. 아니 어쩌면 24년 전에 양귀자의 인간적인 약속에 속은 열여섯 살 소녀들의 영혼에 박힌 상처를 녹여주는 위로의 노래인지도 모른다.

 저 산은 내게 우지 마라 우지 마라 하고
 발아래 젖은 계곡 첩첩산중
 저 산은 내게 잊으라 잊어버리라 하고

내 가슴을 쓸어내리네

아 그러나

한 줄기 바람처럼 살다 가고파

이 산 저 산 눈물구름 몰고 다니는 떠도는 바람처럼

저 산은 내게 내려가라 내려가라 하네

지친 내 어깨를 떠미네

※ 이 작품을 읽지 않은 분들을 위하여 간단한 줄거리를 소개합니다.

    나는 한 통의 전화를 받고 고향 생각을 하게 된다. 그 전화의 주인공 박미화는 전주 철길 옆 동네 친구다. 미화의 집은 찐만두 가게를 했는데, 미화는 어렸을 적부터 노래를 무척 좋아했던 친구였다. 그녀가 결국 지금은 밤무대에서 노래를 하고 있다고 했다. 부천에서 멀지 않은 밤무대니까, 9시쯤 되어 놀러 오라고 했다.

    그러나 나는 가지 못하고 고향 생각에 잠긴다. 큰오빠가 3명의 오빠와 동생, 그리고 어머니와 나를 먹여 살렸다. 그는 한 달에 한 번 있는 아버님 추도 예배를 소홀히 하는 동생들을 섭섭해하기도 했다.

    그 후, 두세 번 걸려 오는 미화의 전화에서는 그녀가 넘어지고 또 넘어져 지금의 밤무대 가수 미나 박이 되었다고 한다. 이젠 제법 돈을 모아 신사동에 카페를 하나 개업하게 되었다고 한다.

  결국 나는 미나 박을 찾아간다. 그러나 어디서 들은 듯한 노래에 흠뻑 취해 있다가 그냥 돌아오고 만다. 집에 와서야 그 노래가 〈한계령〉이라는 것을 알았다. 그리고 그 가수가 바로 미나 박이란 것을 확신한다.

역사의 뒤안길에서 부활한 한 여자 이야기
- 신경숙의 소설 《리진》을 읽고

Ⅰ. 들머리

6년 만에 신작소설을 통하여 신경숙의 목소리를 들을 수 있어 행복하다. 그녀의 소설《깊은 슬픔》,《외딴방》을 처음으로 읽었을 때 나는 웬일인지 시인 박재삼의 시가 그녀의 소설에 겹쳐지는 듯한 느낌을 받았다. 가슴 저 깊은 바닥에서부터 슬픔의 물줄기 같은 것이 올라오는 듯한, 어딘가 모르게 한의 가락이 배어 나오는 듯한 그런 느낌이었다. 외람된 말 같지만 어쩐지 그들과 코드가 맞는 것 같아 나는 그들을 좋아한다. 요즘 젊은이들 표현을 빌리면, 그들은 '딱 내 스타일'인 셈이다.

말은 안 했지만 나는 어쩌면 신경숙의 신작소설을 목마르게 기다려왔는지도 모른다. 6년이라는 짧지 않은 기다림 끝에 만난 그녀의 소설《리진》. 조금은 충격이었다. 내가 아는 작가 신경숙과 역사소설은 도무지 어울릴 것 같지 않은 부조화 관계라는 선입견 때문이었다. 다른 사람들이 다 역사소설을 쓴다 해도 신경숙만은 못 쓸 것이라고 은연중 단정해 왔던 모양이다. 내가 알고 있는 작가 신경숙은 현대인의 마음 구석구석을 그녀 특유의 섬세한 필치로 묘파해 내는 90년대 소설을 대표하는 존재가 아닌가. 그런 그녀가 6년 만에 역사소설을 들고 나왔다는 것은 그녀의 작가 이력에 무엇인가 변화가 있다는 것을 의미하는지 모른다. 속된 말로 이제 그녀도 다된 것이 아닌가 하는 생각까지 들었다. 다시 말하면 작가로서 소재의 고갈에 부딪혀 이제 역사의 뒤안길까지 헤매고 다닌 것이 아닌가 하는 삐딱한 생각까지 들었다.

그러나 그녀의 소설《리진》은 결론적으로 말해 역사소설의 껍데기 한 조각을 걸치고 있었을 뿐 역사소설은 아니었다. 오히려 너무도 철저히 현재적인 이야기였다. 물론 주인공이 역사 속의 인물인 것은 사실이지만 그 인물 역시 작가 신경숙의 시선 속에서는 철저히 현재화된 인물이었다. 표면적으로는 19세기 말이 시대적 배경이지만 사실은 우리가 살고 있는 시대 현실이 절묘하게 겹쳐 있었다. 주인공 '리진'은 19세기라는 역사의 뒤안길에 버려져 있던 과거형 인물이었으나 신경숙의 소설에서는 현재형 인물로 부활하여 우리와 함께 희로애락을 공유했던 것이다.

지금부터 이 작품이 창작된 배경과 작가에 대해 간략히 언급하고, 우리 시대로 걸어 나온 여인 '리진'에 대하여 본격적으로 이야기하고자 한다.

Ⅱ. 작가 및 창작 배경

1. 작가 신경숙의 작품 세계

　작가 신경숙은 1963년 정읍에서 태어났다. 1985년 《문예중앙》 신인문학상에 중편 〈겨울 우화〉가 당선되어 작가로서 첫발을 내디뎠다. 이후 《깊은 슬픔》,《외딴방》,《바이올렛》,《딸기밭》,《풍금이 있던 자리》,《감자 먹는 사람들》 등 잇달아 역작을 발표함으로써 문단의 주목을 받았다.
　그녀의 소설은 대체로 개인과 그녀가 받은 '외상(外傷)'의 문제, 한의 문제를 섬세한 바늘땀처럼 촘촘히 다루고 있다. 첨예한 이데올로기 대신 정감 어린 분위기, 집합적 존재 대신에 개인적 존재를, 현실에 대한 적극적인 도전과 응전 대신에 현실로부터 받은 서러운 상처를 깊이 있게 다룰 줄 아는 작가이다.
　그녀의 소설 속에서 살아가는 인물들은 상처 입은 인간, 한이라는 무게에 짓눌린 인간, 불구자 등 암울한 삶의 단면을 내성이 강한 울림으로 전한다.

이번에 발표한 《리진》 역시 역사소설이라는 꼬리표가 다소 이질적이긴 하나 한 여인의 꿈과 사랑, 좌절을 섬세하고 정감 어린 필치로 그려냈다는 점에서 일맥상통한다고 하겠다.

2. 창작 배경

신경숙이 이 작품을 쓴 동기는 어느 날 문득 보게 된 A4용지 한 장 반 때문이었다. 조선 최초로 파견된 프랑스 외교관이 조선의 궁중무희에게 첫눈에 반해 그녀를 데리고 프랑스로 건너가 문물을 익히며 생활했으나 그녀는 지독한 향수병에 시달려 다시 조선으로 돌아와야 했다. 그러나 궁중무희라는 신분적 사슬을 벗어나지 못한 채 금종이를 삼키며 자살했다는 내용이었다.

신경숙은 100년 전 한 여인의 고통이 자신을 엄습했다고 고백한 바 있다. 그래서 리진의 흔적을 찾기 위해 프랑스를 3번이나 다녀왔지만 그녀의 자취는 어디에도 없었다. 그녀는 완벽히 잊혀진 존재였다. 심지어 그녀가 살았던 이 땅에서도 그녀의 흔적은 철저히 삭제되어 있었다.

그러나 신경숙은 이런 순간에도 실망하기보다 오히려 소설가로서의 직업적 상상력을 분출할 기회로 삼고 한낱 역사의 뒤안길에 묻혀버린 한 여인의 삶에 도전장을 내밀었다. 또한 명성황후가 지닌 모순을 넘어 인간적 속살까지 언어로 완성하고 싶은 열망으로 박제된 황후가 아닌 산 자로서 세상일과 자식의 죽음에 대해 속 끓이는 한 어머니로서의 고단한 숨소리를 전달하고자 했다.

작가 신경숙은 리진과의 만남을 작가로서의 운명 같은 것이라 했다. 100년 전에 잊힌 한 여인을 세상으로 내보내며 사람들 속에 섞여 다시 잊히지 않고 현재형으로 존재하기를 간절히 바라는 마음에서 이 소설을 썼다고 했다.

Ⅲ. 작품 내용 및 감상

인터넷 검색을 하다 우연히 이 책의 광고 문구를 보았다. "궁중무희와 프랑스 외교관의 애틋한 사랑이 펼쳐진다!" 신경숙이라는 작가가 이젠 통속적인 연애소설을 쓰는 작가로 전락했나? "19세기 말 조선 궁중무희 리진과 프랑스 외교관의 사랑이야기를 담았다." 어라, 이젠 역사소설까지. 지난 6년 동안 작품 발표를 못 하더니 이젠 소재의 고갈에까지 부딪힌 모양이지. 쯧쯧 안됐군.

그래서 이 소설을 읽게 되었다. 안되었다는 연민의 마음과 너도 볼 장 다 보았다는 삐딱한 마음으로 읽기 시작했던 것이다.

그러나 막상 읽어보니 통속적인 연애소설도, 역사의 면면을 파헤친 거대한 역사소설도 아니었다. 철저히 신경숙다운 소설이었다. 신경숙의 속내가 내밀할 만큼 섬세하게 그려진 신경숙표

소설이 분명했다.

　고아가 된 다섯 살 여자아이가 우연히 궁중에 들어가 궁녀가 되고 왕비와의 운명적인 만남을 통하여 궁중무희가 되기에 이른다. 조선 최초로 부임한 프랑스 외교관 콜랭의 사랑을 듬뿍 받아 낯선 나라 프랑스로 가서 근대 문물을 접했으나 지독하게 엄습해 오는 향수병으로 다시 조선으로 돌아왔으나 궁녀라는 신분적 제약과 명성황후의 죽음 앞에서 절망하며 서글픈 삶을 마감한다.

　내가 이 소설을 읽으면서 주목했던 것은 세 가지로, 주인공 리진의 범상치 않은 면모와 비극성, 명성황후의 인간적 고뇌와 모성애, 제국주의의 무차별적 폭력성 등이 그것이다.

　첫째, 주인공 리진의 범상치 않은 면모와 비극성에 대하여 주목할 필요가 있다. 리진의 아버지는 민병을 지원해 강화도로 떠났으나 끝내 돌아오지 않았고, 어머니는 유복녀 리진을 반촌에서 낳았다. 병약한 어머니가 유언 한마디 못 하고 죽는 바람에 고아가 된 리진은 서 씨의 손에 거두어졌고 다섯 살 어린 나이에 궁중으로 보내지게 된다. 그녀의 눈부신 목덜미와 깊은 눈동자, 홍조 띤 얼굴은 배꽃처럼 눈부셨다. 그녀는 철인대비와 명성황후의 사랑을 받으며 아름다운 여인으로 성장한다. 그러는 중에 블랑 선교사에게 프랑스어를 배우게 되는데 그녀의 명석함은 블랑 선교사를 놀라게 한다. 또한 춘앵무를 배워 조선 제일의 궁중무희가 되어 명성황후의 사랑을 한 몸에 받게 된다. 그녀는 그야말로 무엇이든 금방 배우는 범상치 않은 인물이다. 프랑스에서 사교댄스를 배울 때도 그 나라 역사, 문물을 배울 때도 그녀의 명석함은 드러났다.

    그녀의 범상치 않은 면모와 눈부신 아름다움은 다른 평범한 여인들과 다른 삶을 살게 했고, 결국 비극적 죽음으로 귀결되었다.

    둘째, 명성황후의 인간적 고독과 모성애는 이 작품 속에 빠져들게 하는 또 다른 매력이다. 내가 알고 있는 명성황후는 19세기 말이라는 격랑의 역사 속에서 시아버지 흥선대원군과 첨예한 대결 구도를 당당히 펼치는 냉정하고 거침없는 조선의 국모라는 점이다. 그러나 이 작품 속에서 새롭게 만나는 명성황후는 시아버지와 대결하는 추상같은 면모도 시대를 끌고 가는 여장부적 기질도 모두 휘발해 버린 투명한 모성성만 남은 우리네 어머니였다. 다섯 살 어린 리진과의 첫 대면에서부터 명성황후의 모성애적 모습은 여과 없이 드러난다.

    과도를 들어 꼭지가 달린 배 윗부분을 둥글게 잘라내던 손. 촉촉하게 드러난 배 속을 숟가락으로 살살 긁어 가득 채운 뒤 입에 넣어주며 맛있느냐? 묻곤 했다. 녹당의 소매에 뱃물이 묻어도 개의치 않고 오목한 숟가락에 흰 배 속이 가득 차면 아, 해보아라, 이르며 어린 리진의 입속에 넣어주고 또 넣어 주었다.

                                                - 《리진 2》 295: 7~12

이 순간의 명성황후는 조선의 국모로서가 아니라 한 아이의 어미로서의 모습이다. 자신의 고귀한 녹당의가 더럽혀져도 개의치 않고 오직 사랑하는 자식에게 맛있는 것을 먹이고자 하는 순정한 어미의 마음이다.

궁녀라는 족쇄 채워진 신분적 굴레를 벗겨주며 새로운 세상에 나가 마음껏 꿈을 펼치라고 등을 두드려 주는 모습 또한 어미의 마음이다. 딸을 진정으로 사랑하는 남자에게 보내며 그 딸이 현재보다는 더 나은 행복한 삶을 살기 바라는 것이 친정어미의 마음이 아니던가.

이 작품에서 명성황후는 인간적 속내를 곧잘 보여줌으로써 나의 마음을 연민으로 가득 채웠다. 리진이 조선에 돌아와 황후와 하룻밤 함께 잔 적이 있다. 그때 보여준 황후의 속내는 나약한 한 여인의 인간적 고뇌였으며 고독으로 곪은 아픔이었다.

'고립무원'이라고 허탈하게 탄식하는 황후의 모습에서 나는 그녀의 절절한 고독을 읽을 수 있었다.

내가 이 궁에 들어온 때가 열여섯이었다. 아버님이 나를 며느리로 들이기로 마음먹은 건 내게 아무도 없어서였을 것이다. <중략> 어떤 명분을 내세워도 나 자신밖에 믿을 수 없었다. 내가 살아야겠기에 시작된 일이었다. 점차로 나에게 덕이 있다 했던 이들이 나를 음모자라고 하고, 현명하다고 하던 이들도 나를 두고 교만하다고 들 했지. <중략> 허망하고 부질없는 꿈이었을까?

- 《리진 2》 230: 1~231: 1

    이렇게 길게 명성황후가 속내를 꺼내 보일 수 있을까? 고뇌와 고독으로 잠 못 이루며 뒤척이면서도 리진의 얼굴을 따뜻하게 쓸어주는 미워할 수 없는 한 여인을 볼 수 있다.
    셋째, 제국주의의 무차별적 폭력성을 놓칠 수 없다. 리진을 사랑했던 프랑스 외교관 콜랭은 조선의 서책과 문화재, 청자 따위를 수집하여 프랑스로 가져간다. 여기서도 우리는 은연중 제국주의의 폭력성을 엿볼 수 있다. 야만적인 힘의 논리를 느낄 수 있다.

"출토된 곳에 그대로 있었으면 지금 우리가 볼 수도 없었을 거요. 어쩌면 다 망가지고 말았을지도 모르지. 그곳에 있었으면 누가 알아주었겠소? 루브르로 왔기 때문에 보물이 되었고 저리 완벽하게 보존되고 있는 것이지."

- 《리진 2》 85: 16~19

"가치 있는 보물들이 아무렇게나 방치되어 있는 경우를 내 눈으로 직접 보아왔소. 그때마다 애석하기 짝이 없었지. 루브르로 오면 더 이상 손상되지 않아요. 프랑스에는 그럴 힘과 여유가 있소."

- 《리진 2》 86: 2~5

아프리카 어느 인종을 프랑스 박물관에 사는 모습 그대로 전시한 것을 본 리진이 몸서리치며 느낀 것은 무엇이었을까? 그것은 다름 아닌 자신 역시 강대국 아니 제국주의의 힘의 논리에 무릎 꿇은 한낱 전리품에 불과하다는 것이었다. 얼마나 비참한 슬픔이었겠는가. 콜랭은 그것을 제대로 이해하지 못하는 제국주의의 모습을 보여준다.

명성황후 시해 장면만 해도 그렇다. 한 나라의 국모를 어찌 일개 낭인들이 무차별적으로 난도질할 수 있을까? 그것 역시 제국주의이기 때문에 가능했던 것은 아닐까?

Ⅳ. 마무리하며

한동안 소설을 읽지 않았던 내게 소설에 대한 열정을 다시 불러일으켰던 작품이 바로 이《리진》이라는 소설이다. 이 작품을 읽기 전에는 조선 궁중무희와 프랑스 외교관의 숨 막히는 사랑이라는 점에서 한낱 애정소설이 아닌가 오해했고, 역사소설이라는 말에 신경숙이 소재 고갈이라는 바닥까지 간 게 아닌가 의심했다.

그러나 막상 읽어보니 그것은 나의 지나친 오해였을 뿐이었다. 신경숙의 결코 얇지 않은 내면의 울림과 섬세함이 곳곳에 묻어 있어 이틀 밤에 두 권을 다 읽게 만들었다. 가장 무더운 열대

야의 밤에 더위조차 잊고 독서삼매경에 빠져 읽어냈다.

역사의 격랑 속에 매장되어 버린 한 여인을 우리 시대로 끌어내서 숨 쉬고 걸어 다니게 한 신경숙의 열정을 높이 평가하고 싶다. 신경숙의 바람대로 리진이 우리 시대의 사람들 사이에 자연스럽게 섞여 현재형의 인물로 자리매김하길 빈다.

나는 이 작품을 주인공 리진의 범상치 않은 면모와 비극성, 명성황후의 인간적 고뇌와 모성애, 제국주의의 무차별적 폭력성에 주목하여 읽으며 소설 읽기의 쾌감을 만끽할 수 있었다.

신경숙의 차기 작품을 기대하며 이 글을 마친다.

5월 광주는 피꽃 천지였구나

– 임철우의 소설《봄날》을 읽고

Ⅰ. 들머리

 25년 전 봄날 5월 18일 나는 무엇을 했을까? 열여섯 살 중학교 3학년으로 그저 학교생활에 충실했을 뿐이다. 버스로 1시간 30분 거리인 광주에서 그 엄청난 살육전이 벌어졌음에도 나는 여느 때와 다름없이 아침 일찍 학교에 와서 자습을 했고 감질나는 짧은 쉬는 시간에는 친구들과 수다 떨기 바빴고 수업 시간에는 선생님의 설명 내용을 놓치지 않으려고 눈빛을 반짝거리며 수업에 몰두했다.

 근로 장학생인 나는 점심시간에 학교매점에서 빵을 팔아야 했다. 내게 그 시간은 백화점 바겐세일 때 반짝 시장만큼이나 정신이 없는 시간이다. 1,200명이 넘는 친구들을 대상으로 빵을 팔아야 하는 나는 가끔 그 시간의 나를 걸신들린 인간들에게 악다구 니 치며 빵을 던져주는 이름 모를 악귀라고 착각한다. 계단 밑의 자투리 공간을 이용하여 만든 좁은 매점, 작은 창문을 향해 일제 히 손을 내미는 여학생들은 흡사 굶주림에 제정신이 아닌 걸신들 같다. 그런데 묘하게도 나는 그런 아수라장 같은 시간이 힘들어 미칠 지경이면서 미칠 만큼 좋았다. 그날도 미칠 만큼 힘들면서 미칠 만큼 쾌감 가득한 그 시간을 충실히 수행했다. 재고 없이 빵 을 다 팔고 천 원짜리 지폐 몇 장과 비닐 봉투를 가득 채운 동전 들을 보며 콧등에 솟은 땀을 훔쳤다.

　청소 시간이 되면 그날 매출을 계산해서 담당 선생님 결재를 받고 업자에게 인계해야 한다. 팔린 빵의 개수와 들어온 돈의 합 이 맞아떨어져야 하는데 그러지 않을 때가 많다. 대체로 들어온 돈이 적을 때가 대부분이다. 워낙 혼잡하기 때문에 거스름돈을 잘 못 내주거나 돈을 못 받는 경우가 있어 그런 모양이다. 경우에 따 라서는 나의 그런 엉성함을 이용하는 얌체 같은 친구들도 있다. 그때마다 용돈 다 털어서 메우는 것은 이골 날 정도로 익숙하다.

　그날도 나는 점심시간 빵 판매를 무사히 마치고 교실로 들어 와서 오후 수업을 잘 받고 집에 돌아와서 숙제를 했고 텔레비전 드라마를 보며 웃고 울었다.

　그렇게 평화롭게 보낸 그날 지금 생각해 보면 딱 한 가지 이상 한 것이 있긴 했다. 5교시 도덕 시간이 그랬다. 사실 도덕 선생님은 매점 담당 선생님이셨다. 그래서 점심시간에 한두 차례 정도는 매점에 들러 조언하시거나 빵을 사려는 학생들에게 줄을 서도록 지도하곤 하셨다. 그런데 그날은 예외였다. 아무리 기다려도 선생님은 오시지 않았다. 대충 선생님이 나타나실 시간을 예상하고 있는 나로선 그 시간쯤이면 으레 긴장하기 마련이다. 선생님이 나타나실 시간쯤 되면 나는 아이들에게 줄 설 것을 강요하고 선생님이 나타나면 유난히 과장된 몸짓으로 친절하게 판매하는 것처럼 보이곤 했다.

점심시간에 도덕 선생님을 못 본 나로선 5교시 수업을 은근히 기다렸다. 선생님이나 그 과목을 좋아해서라기보다는 매점 매출일지를 검사 맡느냐 그렇지 않느냐가 관심사이기 때문이다.

5교시 시작종이 치기 무섭게 도덕 선생님은 교실로 들어오셨다. 평소와는 너무나도 다르게 검은빛에 가까운 감색 정장 차림이었다. 그 선생님의 양복 정장 입은 것을 단 한 번도 보지 못한 우리들로선 너무나도 놀라 휘파람을 불고 박수를 쳤다. 선생님은 늘 작업복 비슷한 후줄근한 차림새였다.

"선생님, 오늘 무슨 날이에요?"

"누구 만나러 가세요?"

농담까지 거는 친구들도 있었다. 선생님은 어쩐 일인지 침울한 표정으로 인사도 받는 둥 마는 둥 하시고 교실 천장을 한 번 바라보시며 한숨을 쉬었다.

"웃지 마라, 오늘 같은 날은 웃으면 안 된다."
"왜요? 누가 돌아가셨나요?"
"그건 말할 수 없다. 오늘은 웃지 마라."

도덕 선생님은 수업하시는 중간에도 몇 번씩이나 유리창 쪽으로 눈을 돌렸고 한숨을 쉬었다. 그래도 나는 몰랐다. '저 선생님이 교장 선생님한테 야단이라도 맞았나?' 하는 정도의 생각으로 묻어버렸다.

나는 5·18을 경험하지 않았다. 5·18에 대한 체계화된 지식도 갖추지 못하고 있다. 대학 시절 5월 동아리 축제 때 몇몇 동아리에서 전시한 광주사태(그땐 그렇게 불렸다) 사진을 본 것 정도 아니면 망월동 묘지를 참배한 정도가 고작이었다. 그만큼 내게 있어 광주항쟁은 구체적인 형상화 작업이 안 된 지극히 추상적인 사건에 불과했다.

5·18에 대해 지나칠 만큼 무지하고 무식하기까지 했던 내게 구체적 형상화 작업을 가능케 한 것이 다름 아닌 임철우의 《봄날》이라는 장편소설이었다.

Ⅱ. 5월 광주 그 치열한 보고서 《봄날》

1. 창작 배경 및 작가에 대하여

광주항쟁은 이른바 양심적 문인이라 불리는 80년대 일련의 작가들의 주된 작품 소재였다. 그러나 당시 광주항쟁에 대한 언급이나 작품화는 일종의 금기였기 때문에 이를 문학으로 재현하는 작업은 무모할 만큼의 용기가 필요했다. 그런 까닭에 그 당시 광주항쟁을 다룬 문학작품들은 대체로 우회적인 표현이나 부분적인 묘사에 그쳤다. 이른바 정면이 아닌 측면 공략을 선택한 것이다. 한국 현대사를 관통하는 모순의 연장선에서 광주항쟁을 바라본 문순태의《일어서는 땅》과 한승원의《당신들의 몬도가네》, 살아남은 자의 시선을 통해 광주의 비극과 참담함을 묘사한 박호재의《다시 그 거리에 서면》과 윤정모의《밤길》, 광주항쟁의 표면적 가해자인 공수부대원을 등장시킨 정도상의〈십오방 이야기〉, 엄마의 죽음으로 인한 정신적 충격으로 검은 휘장이 드리워진 채 떠돌 수밖에 없는 어린 소녀를 그린 최윤의《저기 소리 없이 한 점 꽃잎이 지고》와 어디에서도 찾을 길 없고 자신의 의지와는 상관없이 공수부대원으로 차출되어 총칼을 휘둘렀던 김주호를 그린 이순원의《얼굴》등을 들 수 있다.

그나마 90년대 들어와서 광주항쟁은 문인들의 관심사에서 아예 멀어져 버린 듯하다. 그저 너나없이 어수선한 세기말에 젖어 감각적인 작품을 내놓기에 급급한 실정이었다. "광주항쟁은 기억하고 되새겨야 할 현실에서, 잊혀져 가는 한낱 과거가 되어버린 것 같다."라는 임철우의 말이 그것을 잘 반증해 준다.

그런 무관심 속에서 나온 작품이라는 점 자체만으로도 소설 《봄날》은 대단한 의미를 지닌다. 측면 공략이나 무관심으로 전락한 그즈음에 작가 임철우는 광주항쟁을 거의 완전한 정면 공략으로 대하고 있는 것이다. 약 350쪽에 달하는 소설책이 무려 다섯 권이나 되는 원고지 칠천여 장의 대하소설이다. 지금까지 5·18 광주항쟁을 다룬 문학작품 중 최대의 결정판이 아닌가 싶다.

작가 임철우는 1981년 〈개도둑〉으로 등단한 이래 〈붉은 방〉, 《아버지의 땅》,《그리운 남쪽》 등 잇따른 문제작들의 발표로 80년대 우리 소설계에서 가장 주목받는 작가로 부상했다. 작가적 역량을 십분 인정받고 있는 작가로서 다른 작가들처럼 가벼운 이야기로 나갔으면 큰 성공을 거둘 수 있는 유혹도 뿌리치고 11년 만에 들고 나온 작품이《봄날》이다. 작가는 "당시의 상황을 재현해 내는 작업 자체가 참으로 고통스러운 반복 체험에 다름 아니었다. 지난 10년 동안 나는 내내 5월 그 열흘의 시간을 수없이 다시 체험해야만 했고, 수많은 원혼들과 함께 잠들고 먹고 지내야 했다. 그러는 동안 가끔은 정서적으로나 정신적으로 몰라보게 피폐되어 가는 듯한 나 자신을 깨닫고 깜짝깜짝 놀라기도 했다. 고통스러운 기억의 반복 체험이란 것이 얼마나 사람을 소모시키는 것인지, 처음으로 알았다."라고 고백하고 있는 것만 보아도 이 소설 작업이 얼마나 혹독한 체험이었는지 알 만하다.

2. 작품 내용 및 감상

이 작품을 제대로 이해하려면 1988년에 발표한 전작《붉은 산, 흰 새》를 읽어봐야 한다.《봄날》에 나오는 3형제의 아버지 한원구가《붉은 산, 흰 새》에도 등장한다. 한원구는 이 소설의 중심인물로 6·25 이후 작은 섬에서 겪게 되는 한 가정의 비극적 가족사를 보여주고 있다. 한원구의 아버지 한 조합장은 6·25 당시 좌익 청년들에 의해 살해당하고 한원구의 아내 귀단은 그들의 강간으로 큰아들 무석을 낳고 미치고 만다. 한원구는 과거의 상처를 안고 큰아들 무석을 키운다. 아내 귀단은 둘째 아들 명치를 낳고 가출한다. 한원구는 현재 아내와 재혼하여 셋째아들 명기와 딸아이 하나를 낳고 산다. 그동안 전처 귀단의 집은 무석의 외숙이 간첩으로 남파되어 가족들과 접선한 것이 알려져 가족 전체가 간첩죄에 연루되어 징역형을 받는다.

이상이《붉은 산, 흰 새》의 내용이다.《봄날》은 1980년 5월 18일 아침부터 계엄군이 시민군을 최종 진압한 27일까지의 절규와 통곡, 잔혹한 폭력과 흥건한 죽음으로 점철된 12일간에 걸친 절대 비극을 시간 단위로 기술한 치열한 다큐멘터리 형식의 소설이다. 한원구의 세 아들이 등장하여 작품을 이끌어 간다. 장남 한무석은 아버지의 냉대 속에서 우울한 세월을 보내다가 집을 나와 홀로 밀실 같은 희망 없는 삶을 살다가 아주 우연히 시민군에 합류하게 된다. 그는 시민군으로 활동하며 자신도 사람으로 인정받을 수 있다는 감격적 체험을 하며 치열하게 활동하다가 최후의 날인 27일 도청에서 사살된다. 그는 광주의 일반 민중을 대변하는 인물이다. 둘째 아들 한명치는 공수부대 하사로 광주 진압군에 투입되어 그의 친구일 수도 있고, 가족일 수도 있고, 이웃일 수도 있는 사람들을 향해 무차별적 폭력을 휘두른다. 그는 적의 입장에 섰던 진압군 쪽의 실상을 전한다. 셋째아들 한명기는 전남대 1학년에 재학 중인 학생으로 극단 '광대'의 회원으로 활동하다《투사회보》제작 및 배포에 주력한다. 도청이 함락되기 직전에 명기는 여자들을 이끌고 YMCA를 빠져나와 신안군으로 피신한다. 그는 살아남은 자로서 그 참혹한 역사의 현장을 증언해야 하는 엄청난 짐을 지고 살아가야 한다.

　이 소설 곳곳에 깔려 있는 것은 다름 아닌 폭력이다. 너무나도 잔혹한 도무지 인간으로서는 상상도 할 수 없는 폭력의 생생한 전시장 같았다. 서술자의 시선은 그 폭력성이 난무하고 있는 공수부대의 잔인한 진압 장면에 초점이 맞추어져 있다. 5월 18일 계엄령이 발표된 직후, 광주 시내 곳곳에서 자행되는 무차별적 진압봉 사용부터 대검 사용과 발포에 이르기까지의 끔찍함을 넘어서 광적이기까지 한 살육 현장들이 작품의 상당 부분을 차지한다. 그 일방적이고도 잔혹한 폭력 앞에서 그저 속수무책일 수밖에 없는 선량한 광주 시민들은 충격에서 분노로 다시 끝없이 밀려오는 공포감 속에서 절망해야 했다. 누가 보아도 폭도라고 할 수 없는 까까머리 중학생의 머리가 비정한 진압봉에 맞아 뇌수가 터져 나오고, 부상자를 싣고 병원으로 가던 택시 기사가 대검에 찔려 죽어가고, 남편의 귀가를 기다리던 임산부 새댁이 맨홀 위에서 조준사격을 당해 머리통이 날아가는 참으로 인간이라면 눈 뜨고 볼 수 없는 장면들이 공공연히 자행되었다. 특히 머리 없는 그 임산부의 시신을 발견했을 때 임산부 시신이 끝까지 꿈틀거리며 자기 몸속의 생명을 지키고자 한 모성애는 보는 이들을 더욱 안타깝게 만들었다. 꽃 같은 나이 스물넷에 만삭의 몸으로 남편을 기다리던 착하디착한 그 여인이 어찌 폭도란 말인가? 아비규환, 처참함, 잔혹함, 인간임을 포기한 살인마 그 어떤 말을 다 갖다 붙여도 모자랄 것 같은 현실 앞에서 사람들의 심리는 죽음에 대한 본능적인 두려움을 뛰어넘어 인간 자체에 대한 공포와 환멸로 전이된다는 점이다.

　진압봉으로 머리를 맞아 머리가 수박통보다 크게 부풀고 대검에 다리가 찔려 피가 낭자한 채 죽은 어린 아들의 시신을 부여안고 오열하는 천진수와 차량 시위 도중 공수부대에게 끌려가 견디기 힘든 고문과 살인적 폭력을 당했던 칠수가 이구동성으로 토해 낸 말이 "인간으로 태어난 자신을 저주한다."는 것이었다. 병사 하나가 대검으로 칠수의 발바닥을 탁탁탁 내리치며 피투성이가 된 칠수의 발을 보고 웃음을 흘리며 뱉은 말을 나는 잊을 수가 없다.

"얌마, 이게 뭔 줄 아니? 이걸 보고 닭발 요리라고 하는 거다. 알간? 흐흐."

어찌 보면 지극히 사소한 대사일 수도 있지만 나에겐 치 떨리는 전율을 불러일으켰다. 그 병사가 내 눈앞에 있다면 내 눈도 돌아가 버렸을 것이다. 대검에 찔려 그 자리에서 죽을지라도 발악하며 병사에게 대들고 절규했을 것이다. 그 순간 칠수는 심장이 펑, 하고 터지는 것만 같았다. 눈앞에서 무엇인가 번쩍 파열하면서 아무것도 보이지 않았다.

"야아아! 이 개같은 놈들아아! 차라리, 죽어! 죽어부러!"

칠수의 절규가 아직도 내 귓속에서 메아리가 되어 쟁쟁 울려대는 것 같다. 포장마차에 가면 내가 즐기는 것이 두 가지가 있다. 하나는 어묵이고, 또 하나는 닭발이다. 어묵은 시원하고 얼큰한 국물이 좋아서 즐기고, 닭발은 매콤한 것이 쫄깃쫄깃 씹는 맛까지 있어 즐겨 먹는다. 사실 술 한 모금 못 마시는 나지만 닭발을 씹을 때는 맑은 소주 한 잔 '콰' 소리 내며 마시고픈 충동이 생길 만큼 닭발을 즐기는 편이다. 그러던 내가 소설《봄날》을 읽고 그 맛있는 닭발을 이젠 더 이상 먹지 못할 것 같은 불길한 예감이

들었다. 닭발만 보면 그해 봄날 공수부대의 대검 앞에 난도질당해 죽어간 광주 시민들의 절규가 떠오를 것 같기 때문이다.

폭력은 폭력 그 자체가 무서운 게 아니다. 정작 무서운 것은 폭력의 부산물인 인간에 대한 환멸을 야기한다는 것이다. 인간 존재 자체의 상실이야말로 그 어떤 폭력보다 무서운 것이다.

이 살인적 폭력을 행사한 진범은 도대체 누구인가? 진압군으로 투입되었던 공수부대가 가해자인가? 광주 시민들은 피해자이고 공수부대는 모두 가해자일까? 나는 사실 이 점이 매우 혼란스럽다. 저들이 인간인가 싶을 만큼 폭력의 화신이 되어 대검을 푹푹 찌르고 총을 난사하는 공수부대원들도 어쩌면 광주항쟁의 또 다른 희생자가 아닐까? 거듭되는 고된 훈련으로 누적된 피로와 수면 부족으로 금방이라도 폭발해 버릴 것 같은 최악의 상태에서 그들을 광주로 출동시킨 것이다. 끝이 어딘지 모르게 끓어오르는 증오와 살의를 느끼며 무차별적으로 대검을 푹푹 찌르고 군홧발로 지근지근 밟고 총을 쏘아대는 충혈된 눈동자의 얼룩무늬들이 차라리 불쌍하기까지 했다. 그들은 누구에 의해 조종되고 있는가?

관을 구하기 위해 화순으로 향하던 미니버스에 집중사격을 하여 15명을 사살하고, 생존한 두 청년조차 사살하여 구덩이에 암매장한다. 이로 인해 심한 정신적 충격을 받고 돌아버린 '유 이병'과 병사들끼리의 어이없는 오인 사격으로 바로 눈앞에서 참혹한 시체로 나뒹구는 동료들의 모습을 지켜본 병사들은 극심한 충격에 시달린다. 최후 작전 수행을 앞둔 상황에서 더 이상 추악한 음모에 가담하지 않겠다는 유서를 남기고 자살한 오 하사를 본다면 피해자와 가해자를 이분법적으로 구별한다는 것이 얼마나 무의미한 일인가를 깨닫게 된다. 광주 시민들에 대한 공수부대원들의 이유 없는 분노와 적개심은 폭력 중독 즉 전염성을 말하며, 이미 그들 개인의 주체적 의지와는 하등 상관없이 움직이는 단지 누군가에 의해 조종된 폭력 기구일 뿐이다. 무차별적 살육을 당한 광주 시민들의 인간 자체에 대한 환멸이나 조종된 기구인 공수부대의 광란의 진압 행위나 모두 인간의 영혼에 각인된 치명적 상처를 말하는 것이다. 이 치명적인 상처가 더욱 비참함으로 부각되는 것은 총구를 겨냥한 그 대상이 다름 아닌 피를 나눈 형제라는 것이다.

흔히들 한국사의 가장 비극적인 사건은 6·25라고 한다. 동족끼리 총칼을 휘둘렀던 동족상잔의 비극이라 한다. 그러나 나는 차라리 5·18 광주항쟁이 한국 현대사의 가장 비극적인 사건이라 생각한다. 이 우주에서 지구가 사라져도 끝내 씻을 수 없는 잔혹한 사건이다. 신성한 국방의 의무를 다해야 하는 대한민국 군인들이 너무나도 선량한 대한민국의 국민들을 그토록 잔인하게 찌르고 짓밟고 쏘고 죽이고 했다는 것이 세계 어느 나라에 있을 법한 일인가? 해마다 연말이면 국군장병 위문편지와 위문품, 위문금을 보내는 데 인색하지 않은 그 선량하고 순박한 국민들의 가슴을 대검으로 난도질할 수 있단 말인가?

 작가는 왜 하필 피를 나눈 3형제를 광주 한복판에 던져 놓았을까? 하긴 현실에서 그런 일이 있을 수도 있다. 이런 장치를 해야 문학적으로 더욱 그 비극이 극대화되는 효과도 있을 것이다. 형은 시민군이고 그 동생은 진압군으로 진압봉을 휘두르고 또 그 동생은《투사회보》를 돌려 시민의식을 고취시키고, 이것 참 운명의 장난치곤 너무 가혹한 것 아닌가. 잔악무도한 한명치도 도청 진압작전을 코앞에 두고는 심한 내적 갈등을 겪는다.

 '도대체 적은 어디에 있는가? 쓰러뜨려야 할 적은 누구인가?'

 어쩌면 당시 광주에 투입되었던 공수부대 전원이 한명치와 같은 회의에 빠져 괴로워했을지도 모른다. 공수부대를 편들자는 것은 아니다. 다만 그들도 누군가에 의해 조종된 희생자일 수 있다는 것이다.

 이 소설의 마지막 문장이 지극히 역설적이다. "눈부시게 맑은 늦은 봄날의 아침이었다."

 그 엄청난 살육전이 있었는데 아무런 죄도 없이 사람들이 수없이 죽어 피꽃으로 피어났는데 우라질 놈의 날씨는 아무 일도 아니라는 듯이 그저 맑기만 하다. 이게 아이러니인가? 그래서 그 엄청난 비극이 더욱더 극대화되는 거겠지.

 작가는 이 와중에도 희망이라는 하나의 장치를 숨겨놓고 대기한 모양이다.

"그래, 절망하지 말자. 두려워하거나 증오하지 말자. 이 추한 세상의 악과 폭력이 오직 절망과 증오만을 가르치려 할지라도, 나는 이제부터 희망을 배워 가리라. 인간과 삶을 향한, 가슴 벅찬 소망과 그리움의 노래를……."

살아남아서 도리어 어깨가 무거운 명기는 이렇게 한껏 가슴을 펴고 희망의 심호흡을 한다.

Ⅲ. 마무리

원고지 칠천여 장, 책 페이지 1,875쪽, 책 권수 다섯 권. 그 방대한 양의 마지막 페이지를 덮으며 나는 화가 나기도 하고 짜증 비슷한 것이 스멀거리기도 하며 눈물이 찔끔찔끔 나와서 내가 혹시 작품에 나오는 광주 처녀들처럼 미쳐버린 것은 아닌가 하는 생각까지 들었다. 그토록 잔혹한 살상극이 있었는데 왜 나는, 내 부모는, 선생님들은, 친구들은 그렇게도 까맣게 몰랐을까?

이 소설을 통해서 광주민주항쟁에 대해 너무도 많은 것을 알게 되어 괴롭기도 하고 가슴 터질 지경으로 벅차기도 하다. 아직도 밝혀지지 않은 그날의 아픔들이 철저히 밝혀지고 광주 시민의 한이 조금이라도 풀어졌으면 하는 바람이다. 올겨울에는 대학 시절 멋모르고 가봤던 망월동을 다시 한번 찾고 싶다.

제4부
책한테 말 걸다

'엄마'라는 이름. 그것이 정작 엄마 자신에게는 얼마나 부당하게 채워진 치명적인 수갑인지 태어나서 정말 처음으로 진지하게 깨달았다. 엄마는 그저 엄마인 줄 알았다. 태어나면서부터 엄마이고 부엌이야말로 엄마의 정체성을 확인하는 유일한 공간이자 보금자리인 줄 알았다.

엄마라는 이름의 부당성에 대한 고찰
- 신경숙의 소설《엄마를 부탁해》

가을의 출입구에 서 있는 요즘 메마른 눈가를 촉촉이 적셔주는, 가슴 속까지 저리게 만드는 소설 한 권쯤 읽어보는 것도 나쁘지 않다는 생각으로 신경숙의 장편소설《엄마를 부탁해》를 다시 펼쳐 들었다. 사실 2008년 출간되자마자 구입하여 책꽂이에 고이 모셔두었던 책이다. 부끄러운 일이지만 나는 내 돈을 주고 직접 구입한 책은 빨리 읽어야 한다는 절박함 대신 언제든 읽으면 된다는 지나친 심리적 여유 탓인지 미루고 미루다 해를 넘겨 읽는 경우가 많다. 이 책도 그랬다. '그에게서는 언제나 비누 냄새가 난다.' 식의 다소 자극적이거나 군더더기 하나 없이 잘 깎아놓은 대바늘처럼 번득이는 "엄마를 잃어버린 지 일주일째다."라는 첫 문장이 인상적이긴 했다. '어린애를 잃어버린 것도 아니고 엄마를 잃어버리다니. 그 엄마 혹시 치매 걸린 것 아냐?' 정도의 얄

팍한 상상을 하며 책꽂이에 꽂아두었을 뿐이다. 연일 신문지상에 오르내리고 심지어 미국 최고의 인터넷서점 아마존닷컴에서조차 베스트셀러가 되어 팔리고 있는 책을 나는 대중적 독서 열풍에 편승하고 싶지 않다는 어쭙잖은 핑계를 대며 애써 덮어두었던 것이다.

그러다가 자그마치 5년 만에 책을 장식한 띠가 사라지고 책장이 적당히 누렇게 된 그것을 먼지를 닦아가며 하룻밤 새 다 읽었다. 그것도 추석 연휴 중에 명절 음식 장만하느라 피곤으로 부은 몸을 달래가며 읽은 것이다. 두 눈이 퉁퉁 붓고 눈물을 훔치던 손바닥이 흥건하도록 몸과 마음을 온통 젖게 한 작품이다.

'엄마'라는 이름. 그것이 정작 엄마 자신에게는 얼마나 부당하게 채워진 치명적인 수갑인지 태어나서 정말 처음으로 진지하게 깨달았다. 엄마는 그저 엄마인 줄 알았다. 태어나면서부터 엄마이고 부엌이야말로 엄마의 정체성을 확인하는 유일한 공간이자 보금자리인 줄 알았다.

그러나 그것은 엄마를 공기 정도로 인식하는 나 같은 자식들, 다정한 말 한마디 건네는 것조차 인색한 다수의 남편들, 억압과 희생을 강요하는 우리 사회의 오래된 관습적 인식일 뿐이었다. 엄마는 처음부터 엄마였던 것이 아니었다. 엄마에게도 장밋빛 꿈을 꾸었던 소녀 시절이 있었고, 프릴 달린 예쁜 원피스를 입고 싶은 아름다워지고자 하는 여자로서의 욕망이 있었으며, 가슴 떨리는 사랑을 향한 열정도 있었다. 우리는 엄마가 여자라는 사실 아니 사람이라는 사실조차 망각하고 살아온 것이다.

이 소설은 시골에서 올라온 엄마가 서울 지하철역에서 아버지의 손을 놓치고 실종되어 그 흔적을 찾아가는 과정에서 가족을 위해 평생을 헌신해 온 엄마의 모습이 섬뜩할 만큼 생생히 재현됨은 물론 가족들이 몰랐던 엄마의 새로운 면모가 하나씩 드러나면서 독자들의 눈물샘을 자극하며 반성하게 만든다.

내용도 내용이지만 이 작품을 거론할 때 꼭 한마디 정도 해야 한다면 그것은 서술 시점의 독특함이다. 옴니버스 소설도 아닌데 시점이 1인칭, 3인칭을 넘어 2인칭이 구사되기도 했다. 제1장 〈아무도 모른다〉는 엄마를 잃어버린 주인공 '너(소설가)'의 시선으로 가족들과 엄마에 대한 기억을 떠올리며 엄마를 한 인간 아니 한 여자로 생각해 본다. 제2장 〈미안하다, 형철아〉는 큰아들의 시선으로 엄마의 실종을 체감하며 엄마의 기대와 사랑을 한 몸에 받았던 회한과 안타까움이 가슴 저리게 한다. 제3장 〈나, 왔네〉는 남편의 시선으로 자식들의 엄마이자 자신의 아내인 '박소녀'를 떠올리며 살아온 시간과 현재의 빈자리를 절감하며 아내를 돌아본다. 제4장 〈또 다른 여인〉은 엄마의 시선으로 자식들과 남편을 이야기하고, 한 여자로서 마음속에 비밀처럼 숨겨둔 그 사람 이야기를 하며 작별 인사를 한다. 가족들에 대한 지극한 사랑과 안타까움이 엄마의 입장에서 잘 표현되었다. '진뫼'라는 시골 마을에서 태어나 초경을 겪기 전 열일곱 살 때 얼굴도 모르는 남편과 결혼하여 3남 2녀를 낳고 자식들만 바라보며 헌신적인 삶을 살아온 엄마에게도 사실은 한 남자를 향한 애틋한 사랑의 감정이 숨어 있다는 것이 밝혀지는 순간 독자들은 충격 비슷한 것을 느낄 것이고 그와 동시에 가슴 한구석에 싸하게 퍼지는 슬픈 여운을 감지할 것이다. '엄마도 엄마이기 이전에 누군가의 사랑과 위로를 필요로 하는 한 여자였구나.'라는 사실 불편한 진실이지만 받아들여야 한다는 사실을 깨달을 수 있는 것이다.

에필로그 부분은 큰딸 '너'가 이탈리아 성베드로 광장의 피에타상 앞에서 차마 하지 못한 한마디 "엄마를, 엄마를 부탁해-"라고 눈물 흘리듯 갈구하며 끝난다.

9개월째 찾지 못한 그리운 엄마. 그 엄마를 위해 네가 할 수 있는 것은 고작 낯선 이국땅에서 동상이나 붙잡고 '엄마를 부탁해.'라고 한마디 하는 것이다. 작품 속의 '너'는 작품 밖의 '나', 이 소설을 읽으며 울고 있는 바로 '나' 자신과 너무 닮아 있어 솔직히 불편하기도 하다. 불편한 진실이지만 끝내 인정해야 하고 이를 계기로 아버지를 여의고 홀로 되어 눈물로 세월을 떠나보내는 친정엄마를 생각하며 '풍수지탄(風樹之嘆)'이라는 사자성어를 곱씹어 본다.

시인의 변신은 무죄
– 정희성의 시집《시를 찾아서》

가파른 시대에 시대적 모순과 그 속에서 핍박받는 민중들의 슬픔에 관해서 참여적 서정시로 일관해 온 정희성 시인이 10년 만에 새로운 시집을 들고 우리 곁으로 돌아왔다. 그에게 지난 10년의 침묵은 결코 예사롭지 않은 시간이었음이 분명하다.

10년이면 강산도 변한다는 흔한 속담이 그에게도 예외가 아님을 우리는 발견할 수 있기 때문이다. 오래전 그의 시집《저문 강에 삽을 씻고》(1978)에서 보여준 거친 시대를 배경으로 한 강퍅한 시어와 현실 지향적인 시 세계는 10년 만에 들고 온 시집《시를 찾아서》에서는 흔적조차 찾기 어렵다. 물론 시대적 변화에 대하여 느끼는 시인 자신의 자괴감이나 분노를 특유의 반어적 어조로 드러낸 〈세상이 달라졌다〉(41쪽)와 같은 시가 그의 예전의 면모를 조금쯤 되비추기는 하지만 전반적으로 그의 시들이 상당한 변신을 시도하고 있음을 우리는 간과할 수 없다.

세상이 달라졌다/저항은 영원히 우리들의 몫인 줄 알았는데/이제는 가진 자들이 저항을 하고 있다/세상이 많이 달라져서/저항은 어떤 이들에겐 밥이 되었고/또 어떤 사람들에겐 권력이 되었지만/우리 같은 얼간이들은 저항마저 빼앗겼다/…<중략>…세상은 한결 고요해졌다

이 시에는 앞서 말한 것처럼 지난날 이 시인이 즐겨 써왔던 참여적 서정시의 냄새가 난다. 그러나 그것보다 더 눈길을 끄는 것은 달라진 세상만큼이나 시인의 목소리도 변했다는 사실이다.

10년 동안 시인의 가슴에서 곰삭은 시어들은 가슴에 와 꽂히는 비수적(匕首的) 날카로움 대신 혀끝에 은은하게 감기는 듯한 여유로움이 담겨 있다. 그것은 변해버린 세상 탓만은 아닐 것이다. 세월이 흐르고 나이를 먹고 이제 이순(耳順)을 바라보는 시인의 나이는 지난날 그가 즐겨 읊었던 서슬 퍼런 노래들을 허용하지 않은 듯하다.

사랑아 나는 눈이 멀었다/멀어서/비로소 그대가 보인다/그러나 사랑아/나는 죄를 짓고 싶다/바람 몰래 꽃잎 만나고 오듯/참 맑은 시냇물에 봄비 설레듯

- <사랑>(33쪽) 전문

지극히 평범하면서도 소박한 시어를 통해 사랑의 본령을 잔잔하게 그려내고 있다.

사실 이번에 발표한 이 시집 《시를 찾아서》는 10년이라는 세월을 끈질기게 기다려 온 독자들에게는 어쩌면 성에 차지 않는 소품에 불과할지도 모른다. 그도 그럴 것이 10년 만에 낸 시집치고 분량이 너무 빈약하다. 총 84쪽밖에 안 되는 요즘 보기 드문 얄팍한 두께의 시집이다. 그것도 11쪽이나 되는 고은 시인의 발문과 12쪽이나 되는 글쓴이의 말(수상 소감)과 7쪽가량 되는 표제 및 목차를 빼고 나면 실상 시집은 54쪽밖에 안 된다. 시라고는 달랑 마흔세 편뿐이다. 그나마도 10행 이내의 짧은 시들이 주류를 이룬다. 10행 이상이 스물다섯 편이고 10행 이하가 열여덟 편이다. 그 열여덟 편 중에는 3~4행의 극단적인 단형시가 다섯 편이나 된다.

초식동물 같이 착한 눈을 가진
아침 풀섶 이슬 같은 그니
눈가에 언뜻 비친

- 〈눈물〉(54쪽) 전문

위에 인용한 것은 〈눈물〉이라는 시다. 놀랍게도 한 편의 시이다. 시의 한 토막이 아니라 한 편의 완성된 시이다. 얼마나 통쾌

한 압축인가? 이처럼 그의 시에서 발견되는 또 하나의 변신은 고도의 압축에 의한 절제와 거기에서 우러나오는 여백의 아름다움이다.

    복사꽃 환희 지는 남도 봄길을
    한 사람 그리며 내 홀로 가네
    그대 뺨에 어렸던 고운 꽃빛이
    꿈결인 듯 아련히 되살아나네

- <산화(散花)>(59쪽) 전문

봄날 남도의 정경이 한 폭의 동양화처럼 은은하게 그려져 있는 시이다. 이 시에서 자아내는 여백의 미가 동양화에서 중시하는 여백의 미와 일치하는 것은 어쩌면 당연한 일인지도 모른다. 다 읽고 나서도 가슴속에 은은히 남아 있는 잔잔한 여운은 이 시집을 읽는 즐거움 중의 하나다.

"언제부턴가 마음속/향기로운 술이 익((파문)(39쪽)"어 맛있는 술을 빚어내듯 그의 시도 숱한 세월의 곰삭음 속에서 알맞게 깊은 맛을 내는 맛깔스러운 시가 된 것이다. 그 맛깔스러움의 이면에는 군더더기나 곁가지를 과감하게 쳐낸 시인의 절제된 목소리가 한몫하고 있다. 행간의 깊이와 여백의 미를 한 번쯤 음미할 만하다.

이번 시집에서 발견할 수 있는 시인의 또 다른 변신은 모순된 현실에 대한 날카로운 칼침 대신 자신의 내면을 향한 숨김없는 고백과 성찰적 태도를 보여준다는 것이다.

10년 전 시인 신경림은 정희성의 시에 대해서 "개인적인 삶의 모습을 드러내지 않고 감정을 까발리지도 않아 몸에 꼭 끼는 옷 같다."라고 비판한 적이 있다. 그 시기의 정희성은 분노하고 증오할 때만 시를 썼다. 그러나 이제 이순(耳順)을 바라보는 시인 정희성은 시대적 현실을 향한 분노의 칼침 대신 비로소 자신의 이야기를 담담한 필치로 고백해 내는 것이다.

오십 평생 살아오는 동안/삼십 년 넘게 군사 독재 속에 지내오면서/너무나 많은 사람들을 증오하다보니/사람 꼴도 말이 아니고/이제는 내 자신도 미워져서/무엇보다 그것이 괴로워서 견딜 수 없다고/신부님 앞에 가서 고백했더니/신부님이 집에 가서 주기도문 열 번을 외우라고 했다//그래서 나는 어린애 같은 마음이 되어/그냥 그대로 했다

- <첫 고백>(32쪽) 전문

얼마나 진솔한 자기 고백인가. 그의 지난날의 삶의 모습이 한 치의 거짓도 없이 올곧이 알몸으로 드러나 있다. 더불어 아이와 같은 시인의 순진함도 여과 없이 드러나 있다.

시인은 "나는 말하는 법을 새로 배워야겠다(〈말〉(9쪽))"라고 하고 "시로써 무엇을 이룰지/깊이 생각해볼 틈도 없이/헤매어 여기까지 왔다(〈시를 찾아서〉(12쪽))"라고 고백한다. "한때 민중의 좋은 벗이 되리라 다짐했던 나(〈갠지스강〉(25쪽))"라고 지난날의 삶을 냉정하게 반추하기도 한다.

  이러한 자신의 삶에 대한 성찰과 반성을 바탕으로 시인은 세상을 한결 고운 눈으로 더 넓어진 가슴으로 받아들이려 한다. 지난날 그의 무기였던 미움 대신 사랑이라는 화두를 가지고, 문단에 갓 데뷔한 신인처럼 조심스럽고 겸허한 목소리를 내는 것이다. "세상은 망해가는데/나는 사랑을 시작했네"라고 한다. 그가 이제 정말 세상을 고운 눈으로 바라보고 있음을 우리는 더 이상 의심할 필요가 없다. "이제 내 시에 쓰인/봄이니 겨울이니 하는 말로 시대 상황을 연상치 말라(〈봄소식〉(22쪽))"라는 시인의 시구를 굳이 인용하지 않더라도 그의 눈길이 세상을 향한 사랑으로 열려 있음을 우리는 발견할 수 있다.

  감나무 숲속에는 몇 채의 집/집 안에 사람이 있는지/불빛 흐릿한데, 스쳐 지나는/아아, 저 따듯한 불빛 속에도 그늘이 있어/울 밖에 弔燈을 내다 걸었네

- <청도를 지나며>(24쪽) 중에서

이 시는 정희성 시인의 시적 체온이 "따듯한"이라는 시어 속에 그대로 함축되어 있다. 너무 지나치게 뜨겁지도 않고 너무 차갑지도 않은 언제나 변치 않는 포근함으로 따스함을 선사할 것 같은 시적 분위기가 처연한 조등(弔燈)마저 평화롭게 한다.

이제 우리는 정희성의 시에서 역사니 시대적 모순이니 민중의 아픔이니 분노니 저항이니 하는 말에 얽매이지 않아도 된다. 이번 시집에 나오는 "그대"나 "새벽"이라는 시어를 역사적 희망으로만 좁혀 생각하지 않아도 그의 시를 왜곡하는 것이 아니다. "연인", "사랑", "깨달음", "밀어(密語)"까지도 포함하는 그야말로 시의 본령을 찾아 나선 시인의 서정성을 마음껏 음미해도 좋을 성싶다.

외람된 말이지만 정희성 시인을 통해서 본다면 시인의 변신은 용기 있는 무죄라고 감히 말하고 싶다.

이 시집으로 제16회 만해문학상을 수상한 것에 대해 축하의 뜻을 표한다.

사막 위를 걷는 낙타
- 김진경의 시집《슬픔의 힘》

김진경 시인, 나는 그를 생각할 때마다 은행나무, 낙타, 곡마단, 새, 교육 운동 등의 단어가 먼저 떠오른다. 온갖 고초에도 끝내 의연한 은행나무, 끝없는 사막을 걸어야 하는 낙타의 서늘한 눈빛, 어둠을 머금고 있는 유랑 곡마단, 납 탄알을 맞은 피 흘리는 새 등이 그것이다.

그는 1974년《한국문학》신인상에 시가 당선되어 문단에 데뷔하였고, 그 후 10년 뒤 첫 시집《갈문리의 아이들》을 시작으로 《광화문을 지나며》(1986),《우리시대의 예수》(1987),《닭벼슬이 소똥구녕에게》(1991),《별빛 속에서 잠자다》(1996) 등의 시집을 비롯하여《은행나무 이야기》,《스스로 비둘기라고 믿는 까치에게》등의 산문을 발표한, 우리 시대를 누구보다 치열하게 살고 있는 시인이다.

김진경의 시집 《슬픔의 힘》(2000)은 모두 5부, 예순일곱 편의 시로 구성되어 있다. 이들 한 편 한 편은 모두 저마다의 분명한 색깔을 지니고 있으며, 또한 이 색깔들이 한데 어우러져 완성의 미학을 보여주고 있다. 개개의 시들이 모여 한 권의 시집으로 태어나고, 한 권의 시집이 다시 개개의 시로 독립되어 나가도 결코 시적 의미가 희석되지 않는 실로 오랜만에 접하는 시집다운 시집이다. 특히, 이번 시집의 내용상의 특징은 기쁨과 슬픔, 희망과 절망, 긍정과 부정, 확신과 회의가 상당히 날카롭게 교차되어 있다는 것이다. 그것은 이 시인에게 80년대의 절망적 기억과 90년대의 변화하는 현실이 동시에 존재하기 때문일 것이다. 나이 50을 바라보는 그에게도 이 시대의 현실적 슬픔은 결코 외면할 수 없는 영원한 화두임이 분명하다.

그렇다 하더라도 그의 시 역시 시적 경향상의 변화를 거부할 수는 없는 모양이다. 이 시집에는 과거의 그의 시에서 흔히 발견되었던 칼날 같은 단호함이 많이 엷어졌고, 대신 섬세한 묘사의 기법이 촘촘하게 깔려 있다. 현실 세계를 통렬하게 비판하고 풍자하던 어조에서 탈피하여 내밀한 마음의 마디마디까지 섬세한 눈빛으로 그려내는 다감함을 보여주고 있다. 지난날 그가 대상에 대해 무차별적으로 들이붓던 첨예한 비판의 목소리도 이 시집에서는 한결 누그러져 전체적인 구조 속에서 개개의 시들이 적절히 어우러진 노력의 흔적을 찾을 수 있다. 그 변화의 실체는 이 시집의 1부에서부터 서서히 드러난다.

   제1부에 실린 열한 편의 시는 대체로 산문시의 모습을 띠고 있다. 마음의 내밀한 부분으로 깊이 스며들어 가는 듯한 나직한 어조와 적절한 반복을 바탕으로 한, 긴 호흡의 시구들이 어우러져 유니크한 아름다움을 만들어 내고 있다. 열한 편의 공통된 정서는 '그리움'이다. 우리 민족의 공통적 정서는 김소월의 시에서 흔히 발견되는 한(恨)이겠지만, 좀 더 깊이 음미해 보면 그 이면에는 서러운 그리움이 내포되어 있다. 그래서인지 대부분의 시인들이 그리움에 대하여 수없이 노래하고 있는지 모른다. 이 시집의 1부에서 본다면 천하의 김진경 시인도 그러한 그리움을 노래하는데 게으름을 피우지 않고 있음을 발견할 수 있다. 그의 시에서 그리움의 대상은 다분히 불투명하다는 점이다. 아니 불확실하기까지 하다. 굳이 대상을 얘기해야 한다면, '그대'라고 해야 할 것이다. 그러나 뭔가 석연치 않다. 그의 시의 '그대'라는 대상은 대부분의 시인들이 노래하는 '사랑하는 임'이 아닌 듯하다. 사랑하기에 이별한 후에도 잊지 못해 긴 밤을 그리움으로 목 조르는 그런 아릿한 대상은 아닌 듯하다. "누구인지 알 수 없는 그대여(〈가을 편지〉)", "그대 말이 없고, (중략) 그대는 모습이 없고, (중략) 그대는 소리가 없고, (중략) 그대는 향기가 없고, (중략) 그대는 내미는 손이 없고, (중략) 그대는 어디에도 없으면서 어디에나 있고(〈백자진사매국문병〉)" 등의 시구들을 바탕으로 추측해 보면 특정인도 아니고 더욱이 구

체성을 띤 현실의 인물도 아닌 듯하다. 그러면서도 비현실적이고 추상적인 존재라고 치부해 버릴 수 없는 것은 인간적 숨결이 어디선가 묻어나는 듯한 느낌이 들기 때문이다.

　지상에 태어나 있는 것이 슬픔처럼 다가올 때 하늘을 봅니다. 파란 하늘에선 맑은 현들이 무수히 소리를 내고 소리의 끝을 따라가노라면 문득 그대에게 이릅니다. 누구인지 알 수 없는 그대여, 그대의 빈자리가 오늘따라 저리도 환한 것이 내 슬픔의 이유인지요. 환하게 빛나는 그대의 빈자리 위로 나는 내 슬픔의 새떼를 날려보냅니다. 소란스레 하늘로 퍼져가는 새떼들이 멀리 잠들어 있는 그대를 깨울지도 모르겠습니다.

　흔들리는 갈대 사이로 점점이 흩어지는 내 슬픔의 새떼를 보는 것이 그대의 아침이었으면 좋겠습니다. 동터오는 노을을 보며 엷은 미소라도 지으십시오. 소란스레 하늘로 퍼져가는 새떼들은 이미 슬픔을 알지 못합니다. 새떼들은 환하게 빛나는 그대의 빈자리를 지나며 뜨겁게 파고드는 파편과도 같습니다. 그것이 새떼들이 날아가 박히는 하늘이 붉게 물드는 이유인지도 모르겠습니다. 동터오는 노을을 보며 엷은 미소라도 지으십시오. 그것이 삶의 이유일 수는 없을지라도 우리를 살아가게 하는 힘인지도 모르겠습니다.

- <가을 편지> 전문

이 시에서 "그대"는 시적 화자에게 슬픔을 안겨주는 원인 제공자이다. 그러면서도 누구인지도 알 수 없는 빈자리로 남겨진 존재다. 시적 화자는 슬픔을 갖고 있지만 단순히 그 슬픔 속에 함몰되어 있는 것은 아니다. 슬픔의 새떼를 날려 보내는 적극적 행위를 보여주고 있다. 소란스레 하늘로 퍼져가는 새떼들이 잠들어 있는 그대를 깨울 수도 있다는 가능성을 배제하지 않는다. 뿐만 아니라 동터오는 노을을 향해 엷은 미소라도 지어 보라고 나지막하지만 힘이 있는 당부를 잊지 않는다. 삶을 살아가게 하는 힘이라 말하고 있다.

제2부의 열다섯 편의 시는 시인의 가족들 이야기와 백제 이야기로 갈무리할 수 있다.

    귀도 어두워지고 말소리도 희미해진 어머니
    진경이냐 언제 올텨 알았다
    다짜고짜 시작해서 대답도 듣지 않고 끊는 목소리가
    점점 진흙에 가까워지고 있다
    내가 거기서 몸을 일으킨 진흙벌이 당기는 힘은
    참 어쩔 수 없지, 아이들을 데리고 길을 떠난다
    길 중간에 잠시 들러보는 공주
    백젯적 기와의 빛이 어머니를 닮아 있다

죽음처럼 누워서 온갖 것을 다 받아 안은 개펄의 빛깔
거기서 갯지렁이며 모시조개며 밤게며 고물고물 생겨나듯
무늬가 솟아오르고
낮은 구릉 위에 도는 구름처럼 연꽃잎으로 피어난다
막 피어나는 검은 연꽃잎 속에
어머니 오랜 추억의 호박등이 환하게 켜져 있다

- <백제와당연화무늬> 전문

  이 시는 늙은 어머니와 백제와당연화무늬와의 공통점을 찾아 잔잔하게 형상화한 참으로 아름다운 시이다. 우리 주변에서 흔히 볼 수 있는 우리들의 늙은 어머니, 더욱이 시골에서 평생을 고생하신 진흙빛 닮은 우리들의 어머니 모습이 너무도 선명히 그려져 있어 가만히 소리 내어 읽어보면 눈물이 핑 돈다. 귀도 멀어지고 말소리마저 희미해진 어머니가 걸어오는 수화기 속의 어눌한 말소리와 자식의 대답도 듣지 않고 수화기를 내려놓는 어머니의 모습은 너무도 낯익은 우리네 어머니들의 모습이다. "죽음처럼 누워서 온갖 것을 다 받아 안은 개펄의 빛깔/거기서 갯지렁이며 모시조개며 밤게며 고물고물 생겨나듯/무늬가 솟아오르고" 이 시구 역시 우리의 전통적인 어머니상을 매우 함축적으로 보여준다. 한평생을 말없이 온갖 희생을 다 감수하고 이제 개펄의 빛깔처럼 늙어버린 어머니. 그래도 여전히 자식들을 위해 이것저것 만들어

내시는 어머니. 이것이 바로 우리 어머니의 모습이 아니고 무엇인가.

3부, 4부, 5부의 시편들은 자본의 시대에 맞서는 시인의 내면적 울림이 작고, 느리고, 물러터진 듯하게 그려짐으로써 도리어 시인의 거침없는 주제 의식을 극대화시키고 있다. 오늘의 현실 즉 자본의 시대를 상징적으로 보여주는 거대하고 빠르고 견고한 레미콘이라는 현대판 괴물에 대한 시인의 감정은 거의 혐오에 가깝다. "거리를 질주하는 레미콘차"는 "육식공룡"같이 "시멘트범벅"을 토해내고 시적 화자조차 "빨려 들어가 버린다". 그 "강력하게 잡아당기는 힘"에 맞서 "벼랑이 앞에 있는 줄 알면서도" 그는 "몰래몰래 탈출을 꿈"꾼다.

김진경 시인이 시의 소재로 즐겨 쓰는 것 중의 하나가 '낙타'가 아닌가 싶다. 〈등이 휜 낙타〉라는 시를 보면 절망에 빠진 영혼들에게 새벽이 밝아온다든가 밝은 내일이 준비되어 있다든가 하는 식의 상투적인 위로의 방식이 아닌, 끝없이 펼쳐진 사막을 가리키겠다고 한다. 옛 문명의 폐허를 가리켜 보겠다고도 한다. 그러다 보면 인생의 오아시스를 만나기도 하겠지만 정작 필요한 것은 "절망의 마지막 봉우리에서 스스로 등에 거대한 육봉을 만들어 일어서는 일"이야말로 현대사를 통과하는 통행증을 얻는 일이라고 역설한다. 그리고 그때 비로소 사람들이 이젠 꿈을 꿀 줄도 모른다고 단념한 "육봉 깊숙이 푸른 벌판으로부터 울려나와 모래에 뒤섞이는 낙타의 방울소리"를 들을 수 있을 것이다. 그것은 하나의 기쁨이고 희망일 것이다.

이 가파른 자본의 시대, 거대한 공룡의 입처럼 썩은 냄새가 풀풀 풍기는 이 삭막한 현실에서 시를 쓰는 일도 시를 읽는 일도 어쩌면 무의미한 일인지도 모른다. 그렇다 하더라도 첫 시집부터 지금까지 일관되게 자아와 세계라는 극명한 대결을 통해 치열한 시 정신을 보여주는 김진경 시인의 시 작업은 이러한 무의미성과는 사뭇 거리가 먼 우리 시대의 아픔이자 양심선언 같은 것이 아닐까.

제5부

서사로 지은 집

어머니는 오랜 기아 상태에 허덕인 사람처럼 바게트를 먹는다. 마른 바게트 부스러기가 흐릿한 불빛 사이로 먼지처럼 흩날린다. 식탁에 앉아 바게트를 먹는 스물네 살의 가혹할 만큼 젊은 어머니. 소파에 앉아 건성으로 책을 보는 스물두 살의 아들. 거실에 켜진 흐릿한 불빛이 두 사람 사이를 비춰주는 유일한 빛이다.

그림자 지우기

1

 지난 가을부터 뜨기 시작했던 스웨터가 이제야 완성되었다. 변변한 스웨터 한 벌 없이 겨울을 나실 아버지를 생각하면 내 손길은 당연히 빨라져야 했지만, 웬일인지 서너 코를 넘기기 무섭게 내 손가락은 피로를 호소해 왔다. 그때마다 몇 번을 처박았다가 결국 오늘 그 모습을 드러낸 아버지의 스웨터는 당신의 얼굴만큼이나 진자줏빛으로 나를 힐책하는 듯했다.
 뱃속의 아이 때문인지도 모른다. 털실의 코를 늘려갈수록 아이의 몸집이 하나씩 하나씩 갖춰진다는 착각 때문이리라. 가슴 한구석이 섬뜩하게 저려왔다. 몸이 부르르 떨렸다. 나는 미친 듯이 스웨터의 코를 풀기 시작했다. 조급함이 앞서서인지 실이 곧

잘 엉켜 신경을 날카롭게 했다. 나는 서둘러 앉은뱅이책상 서랍을 뒤져 윤구의 체취가 덕지덕지 붙은 면도칼을 꺼내 엉킨 실을 신경질적으로 잘라냈다.

아버지의 해소 기침이 멎은 지 벌써 10여 일이 지났지만, 아직도 내 머릿속에는 오랜 신음으로 일그러지던 아버지의 고통에 찬 모습이 병균처럼 자리를 굳히고 있었다. 갑자기 현기증이 일었다.

2

아버지의 집으로 돌아가던 그날도 하얀 형광 물질처럼 매몰찬 눈이 부스스 내렸다. 아버지는 그 저주의 방에서 손님을 받고 있었다. 상처로 덧이 난 내 가슴, 내 육신이 발가벗겨지는 것 같아 나는 진저리를 치며 눈을 감았다.

'구원 철학관'. 사주, 관상, 병점, 궁합, 작명, 이장, 택일, 이사, 매매, 진학. 잘 다듬어지지 않은 나무판에 얼기설기 쓰인 붉은 페인트 글씨가 잠재된 내 현기증을 재촉했다. 아버지의 주름진 얼굴을 닮아가는지 나무판 군데군데 금이 가 있었다. 아버지의 철학관은 내 발을 강제적으로 끌어당기는 힘이 있었다. 아버지와 눈이 마주쳤다. 아버지의 눈빛이 흔들렸다. 숨이 턱에 걸린 것처럼 답답했다. 아버지는 흔들리는 눈길을 거두었다.

아버지는 14개월이라는 결코 짧지 않은 나의 가출 기간에 대해 가타부타 탓하지 않았다. 다만 나는 아버지의 이마에 굵게 패인 주름살이 심하게 경련을 일으킴을 외면할 수 없었다. 차라리 아버지 특유의 그 원색적인 욕지거리와 손찌검이 날아왔더라면 내 마음은 오히려 편안했을지도 모르겠다. 철학관의 향불 피우는 역한 냄새가 훅 끼쳐와 나는 뿌리치듯 엉망으로 고개를 흔들었다. 아무리 떨쳐버리려고 온몸을 비틀어 흔들어도 악착같이 내 시선 속으로 쳐들어와 엉겨 붙었다.

조금 전까지도 아버지의 지문을 흡수했을 때 묻은 염주에 눈길이 머물렀을 때 나는 대책 없는 구역질이 치밀어 오름을 알았다. 도망치듯이 철학관 문을 밀치고 안채로 들어왔다. 언제쯤이면 저런 귀신 냄새에 익숙해질 수 있을까? 그건 절망이야. 그건 저주라고. 그건 아버지 하나로도 족해.

집 안은 곰팡이 냄새만큼 을씨년스러웠다. 정돈의 손길이 이미 오래전에 멈춰버린 썰렁한 분위기에 향불 냄새, 촛불 냄새가 뒤범벅되어 귀기를 머금고 있는 느낌이다. 가마니와 새끼줄을 칭칭 동여맨 채 겨울을 나고 있는 수도가 보였다. 부드럽지 못한 감촉으로 힘겹게 비틀어진 수도꼭지에서 찬물을 받아 연거푸 들이켰다. 내 스물두엇의 삶이 토악질 된 집인데도 자꾸만 생경한 느낌뿐이다. 늘 섞이지 않아 썩어버리는 이물질처럼 나는 항상 이 집에서 이방인이라는 느낌에 시달려 왔다. 그것은 아버지의 귀기 서린 눈빛 때문이다. 벗어나리라. 아버지의 눈빛으로부터, 향 태우는 냄새로부터, 징소리, 북소리로부터, 내 절망으로 쌓인 운명의 손아귀로부터 벗어나리라. 무조건 벗어나리라.

28개의 나무판으로 나란히 짜진 낡은 마룻바닥에 결코 닦일 것 같지 않은 먼지가 몇 개의 미세한 층을 이루며 쌓여 있었다. 아버지가 손수 만든 방 빗자루를 챙겨 들고 나는 마루로 올라갔다. 먼지 위에 너무 뚜렷하게 찍힌 225mm의 내 발자국이 코끝을 찡하게 자극했다. 세월 탓인지 마루의 찌걱거리는 소리가 더 그럴듯하게 들렸다. 뽀얗게 일어나는 먼지 속에서 나는 아버지의 냄새를 맡을 수 있었다. 그것은 분명코 아버지의 체취였다.

안방의 왼편에 김 포자처럼 조그맣게 붙어 있는 내 방이 보였다. 방문을 열 때마다 나는 김 포자를 연상하곤 했다. 14개월을 비워둔 방답지 않게 방 안은 따뜻했다. 후끈하다고 표현하는 게 좋을 성싶다. 불현듯 아버지의 구부정한 모습이 내 얼굴에 겹쳐졌다. 악다구니 치며 집을 뛰쳐나간 딸자식을 날마다 기다리며 하루 두어 차례 연탄을 갈아 넣으며 발작 같은 기침을 토했을 아버지. 후드득 눈물이 쏟아졌다. 목젖이 부었는지 꾹 참은 울음소리가 혓바닥에 가시 박힌 개처럼 불안정하게 빠져나왔다.

3

얼마나 시간이 흘렀을까. 아버지가 철학관 문을 닫는 모양이다. 낡은 문을 닫는 찌걱거리는 소리가 사뭇 신경이 쓰였다.

"요놈으 눈은 언제꺼정 올랑가?"

아버지의 가래 섞인 목소리가 바람 소리에 묻어 들려왔다.

눈발이 더 굵어지기 전에 언덕을 내려가려 생각했다. 윤구가 없는 밤을 맞이할 때마다 나는 불결한 내 가슴을 씻어내기 위해 얼마나 많이 신음하며 울부짖었던가. 불현듯 이제야 아버지의 집으로 돌아왔다는 생각이 구체화되었다.

"쿨럭쿨럭……. 건느오그라."

눈물이 뒤범벅된 얼굴을 씻기 위해 마당으로 나갔다. 밤바람이 한기를 느끼게 했다. 어느새 밤이 꽤 깊어 있었다. 아버지의 방에서는 아직도 기침 소리가 흘러나왔다. 금방이라도 그칠 것처럼 조용하다가도 다시 시작되는 아버지의 발작적인 기침은 언제나 내 가슴을 꾹꾹 눌러대는 강한 압박기였다. 뭔가 꽥 소리라도 치고 싶은 묘한 거부감 같은 것이었다. 그것이 공허한 울림으로 내 가슴을 누를 때마다 나는 숨이 멈추는 듯한 답답함을 느꼈다.

백열등 아래서 보는 아버지는 평상시보다 몇 곱절 늙고 초췌해 보였다. 아버지 앞에는 소주병 서넛이 버티고 있었다. 그중 세 병은 벌써 동이 나 있었다. 안주로 삼은 듯한 삐쩍 마른 명태 조각이 지저분하게 흩어져 있었다. 아버지의 구릿빛 얼굴이 붉은 기를 띄고 있다.

"늬 머크락은 왜 짱그랐나?"

아버지의 건조한 목소리는 오히려 괴로움을 숨기려는 가열된 행위처럼 아슬아슬하게 느껴졌다. 나는 그만 고개를 떨구었다. 아무 말도 할 수 없었다. 정말이지 무슨 짓이라도 저지르지 않고서는 도저히 못 견딜 것 같았던 그 언덕 자취방에서의 마지막 어둠의 순간을 아버지의 물음이 불현듯 되살리게 해주었다.

잠결에 대문이 덜컹거리는 소리를 들은 것 같다. 일주일째 뜬눈으로 지새운 탓인지 깜박 잠이 든 모양이다. 몸을 일으키는 것조차 싫어 다시 이불을 머리끝까지 뒤집어쓰고 잠을 청했다. 미친 듯이 대문이 덜컹거렸다. 바람의 장난은 아닌 모양이었다. 나는 무거운 몸을 일으켜 맨발로 대문으로 다가가 문을 열었다. 문고리를 따는 내 손끝이 이유 없이 파르르 떨렸다.

"윤구 씨이……."

4

그가 돌아오지 않은 지 오늘로 꼭 9일째다. 그가 돌아오지 않은 이틀째까지는 여러 가지 이유로 나 스스로를 무장하여 참고 기다릴 수 있었다. 그러나 3일째가 되는 날부터 더 이상 스스로에게 이해시킬 이유도 여유도 아무것도 없었다. 미칠 것 같은 갈증으로 꼬박 일주일간을 뜬눈으로 지새운 것이다. 비틀거리는 그의 몸뚱이에서 오래된 술 냄새가 훅 끼쳐왔다. 걸레 썩는 냄새 같기도 했고, 마늘이 썩는 듯한 냄새 같기도 했다. 대책 없이 비틀거리는 그의 뒷모습에서 나는 우리의 울타리가 부서져 내리는 굉음을 들을 수 있었다. 주저앉고 싶은 심정이었다. 비록 아무런 약속도 전제되지 않은 우리의 생활이었지만 나는 그를 무척 사랑했다.

방으로 돌아온 그는 침묵을 위해 자리 잡고 있는 조각품처럼 우두커니 서 있었다. 나는 아무것도 물으려 하지 않았다.

코까지 골며 잠 속으로 빠진 그의 곁에서 나는 밤새 신음했다. 머리카락을 쥐어뜯으며 괴로워해서인지 아침에도 머리가 빠개지는 것처럼 아팠다. 스카프로 머리카락을 대강 동여매고 아침 찬거리를 사러 밖으로 나갔다. 돌아와 보니 그가 급히 휘갈겨 쓴 쪽지 한 장이 앉은뱅이책상 위에 숨죽이며 앉아 있었다.

'5시 반까지 카페 보금자리로'

이미 예측하고 있었던 일이면서도 가슴이 철렁 내려앉았다. 때도 묻지 않은 윤구의 옷가지를 꺼내 손등이 벌겋게 벗겨지도록 미친 듯이 문질러 댔다. 오랫동안 윤구만을 사랑하고 싶었는데 영원히 붙잡아 두고 싶었는데. 손가락 끝이 시려 가슴이 오그라드는 것 같았지만 나는 고무장갑도 끼지 않은 채 윤구의 옷가지들을 문지르고 헹구기를 반복했다. 수돗물이 넘치고 있었다.

5

　실로 오랜만의 외출이다. 모르긴 해도 계절이 하나쯤은 바뀌었을 게다. 윤구가 떠나버리면 나는 아무 대책도 없이 아버지에게로 돌아가야 한다. 그것은 내게 불행한 압박일 뿐이다. 아버지의 집이 싫다. 집 안 구석구석에 박혀 있는 귀기, 향불 냄새, 북소리, 징소리. 도무지 숨이 막혀 살아가지 못할 것이다. 추운 날씨 탓인지 거리는 온통 텅 빈 느낌이다. 윤기를 잃어 방황하는 몇 가닥의 바람만 무성할 뿐 사람들의 웃음소리는 들리지 않았다.
　"늬는 참말로 조컷다이잉. 맨날 떡을 묵을 수 있은께로…."
　초등학교 때 아이들은 이런 말을 내게 곧잘 했다. 그럴 때마다 나는 결코 그냥 있지를 못했다. 그 아이들의 머리끄덩이를 붙들고 악다구닐 치며 분에 복받쳐 싸웠다. 그 아이들의 입에서 그런 말이 나오지 않을 때까지 격하게 싸웠다. 그 때문에 싸움이 끝난 내 손아귀에는 아이들의 머리카락이 한 줌씩 남아 있곤 했다. 싸움의 승리감보다 내게 더 쉽게 다가오는 것은 뜻 모를 처연함이었다. 참아내기 어려운 서러움 때문에 나는 빈 교실 문을 잠그고 한참이나 울곤 했다. 버걱버걱 솟아나는 눈물은 교실 창문에 어둠이 닥칠 때까지 계속되었다.
　"이 짓도 다 늬 하나 때문에 허는 기라."
　아버지는 날마다 마른 입술에 침을 바르며 변명처럼 말했다. 그

때마다 나는 어둡고 축축한 열병으로 부풀어 올라 울부짖었다. 그리고 밤마다 집을 뛰쳐나갈 궁리로 숫제 불면의 포로가 되었다.

카페 '보금자리'는 예상외로 한산한 편이었다. 늘 젊은 아베크족으로 발 디딜 틈 없이 붐비던, 커피 맛이 유독 좋은 카페였다. 이 카페에서 즐겨 들을 수 있는 음악은 부드럽고 감미로우면서도 어딘지 질척한 맛을 내포한 끈적거림이 있었다. 윤구는 이 카페를 무척 아끼는 사람 중의 한 사람이었다. 맛 좋은 커피를 앞에 놓고도 우리는 사랑을 얘기했고, 질척한 음악을 들으면서도 서로의 사랑을 확인하기 위해 애태웠다. 그가 메모지에서 약속했던 시간은 벌써 10여 분이나 지났지만 그의 모습은 찾을 수 없었다. 긴장감으로 팽팽해진 기다림을 느슨하게 풀어주기라도 할 것처럼 부드럽고 질척한 음악이 때맞춰 흘러나왔다.

- Oh my heart won't believe that you have left me(그대가 나의 곁을 떠났다는 걸 난 믿지 못해요).

- I keep telling my self that it's true(그러나 그것은 진실이라고 나 자신에게 말해요).

불현듯 비지스(Bee Gees)를 광적으로 좋아한다던 윤구의 여동생이 떠올랐다. 여고 2학년이라 했던가.

비지스의 〈Don't forget to remember(나를 잊지 마오)〉가 좀 더 질척한 음으로 치닫기도 전에 윤구의 깡마른 상반신이 투명한 유리문을 통해 내 시선을 붙잡았다.

"많이 기다렸니? 빌어먹을……. 한 일주일쯤 우리 여행이나 갔다 올까?"

윤구는 마치 마음에 안 드는 선물을 내동댕이칠 때처럼 몇 가닥의 언어를 내동댕이쳤다.

"피하지 말아요."

"미안해. 제기랄, 어쩔 수 없었다구. 우리 부모님을 설득시킨다는 건 하늘의 별 따기보다 몇천 배 더 힘하다는 걸 알아달란 말야."

나는 솟구치듯 고개를 들었다. 바로 어젯밤 미쳐서 발광하는 폭군처럼 지치지도 않고 몇 번이나 내 몸을 요구하던 저의는 무엇이었을까.

- I can get over anything you want my love(나의 사랑을 당신이 원한다면 나는 모든 것을 이길 수 있네).

"제기랄, 집에서 결혼식 날짜 잡았나 봐."

- But, I can't get my self over you(그러나 나는 나 자신에게 당신을 잊게 할 수 없네).

비지스의 노래는 어느새 1절을 끝맺고 있었다.

"난 이미 짐작하고 있었어요."

나는 지극히 태연자약했다. 그것은 물론 태연을 가장한 서글픈 나의 몸짓이었음을 윤구 역시 눈치챘을 것이다.

"빌어먹을……. 비겁한 놈이지. 나?"

윤구는 담배의 필터 부분을 질경질경 씹어댔다. 그의 감정이 최

대한으로 불안정할 때나 곧잘 볼 수 있었던 그의 표현 행위였다.

"아니……."

가장된 태연함을 이기지 못하는 내 목소리 때문에 나는 불과 세 음절밖에 안 되는 '아니오.'라는 단어를 채 완성하지도 못하고 고개를 떨구어야 했다.

홀아비. 그것도 무당의 딸을 종갓집 며느리로 죽으면 죽었지 받아들일 수 없다던 노기등등한 윤구의 어머니가 얼핏 떠오르자 나도 모르게 웃음이 피식 나왔다.

"뭐라고 화라도 내라구. 도둑놈이라고 욕이라도 해보란 말야."

그가 내 손을 붙잡고 흔들어 대며 애원하고 있었다.

"그만 일어나요. 짐은 각자 따로 찾아가기로 해요."

산을 깎아 비집고 들어선 조악한 동네에 내 자취방이 있을 게다. 불규칙하기 짝이 없는 몇 개의 못생긴 계단을 오르고 나서야 겨우 숨을 고를 수 있는 가파른 곳이다. 산을 완벽하지 않게 깎아서인지 아직도 붉은 기운이 선명한 산의 속살을 곧잘 볼 수 있었다. 그 산언덕의 자취방으로 돌아오며 나는 윤구에게 임신한 사실을 알리지 않았음을 그나마 퍽 다행으로 생각했다. 그가 만약 임신한 사실을 알게 되면 그는 과연 어떤 얼굴을 할까.

6

　카페 '보금자리'에서 돌아온 후 나는 윤구를 잊으려고 안달했다. 그러나 지난밤 욕정으로 불타던 윤구의 뜨거운 입술이 나의 몸뚱이 마디마디에 남김없이 찍히던 그 질긴 환영에서는 벗어날 수 없었다.
　"넌 참 머리카락 하나는 끝내주는 여자야. 정말 부드럽고 아름다워. 무슨 일이 있어도 자르면 안 돼 알았지. 만약 자르는 날은 나와는 영영 이거야 알았어?"
　20년을 가둬둔 내 순결을 부수며 윤구는 ×표를 만들어 내 눈앞에 흔들어 댔다. 머리를 자르는 날은 그와는 영영 이별이라 했던가? 맨 처음의 서툰 정사를 끝낸 윤구가 내 머리카락을 만지며 감질나게 속삭이던 말이 떠오르자, 나는 미친 듯이 가위를 들고 되는대로 질서 없이 머리를 잘라냈다. 지금 난 절망의 구렁텅이에 내팽개쳐진 거야. 이 절망의 구렁텅이 속에서 똑바로 서야 돼.
　"늬가 그러코롬 애끼던 머크락을 짱그랐을 땐 무신 피치 못헐 까탈이 있는 기라."
　아버지의 목소리는 의외로 가라앉아 있었다. 나는 다만 고개를 떨굴 수 있을 뿐 어떤 말로도 답하지 못했다. 아버지는 무거운 한숨을 천천히 토해냈다.
　"늬도 한 잔 허그라."

"늬 에미 생각 따문이냐?"

마침내 아버지는 기어이 그 이야기를 끄집어낼 모양이다. 그것은 이미 오래전에 별다른 이유도 약속도 없이 아버지와 나 사이에 하나의 금기 사항처럼 철저하게 묻어져 왔던 이야기다. 아버지의 무겁게 가라앉은 목소리가 미세한 떨림과 더불어 흘러나왔다.

"지금 무슨 말씀을 하시려고 그러세요, 아버지?"

제발 그 무겁고 축축한 이야기가 빠져나오지 않기를 바라며 나는 간신히 태연하게 말했다. 제발 오늘 하루만이라도 묻어두었으면 좋겠다.

"아이다. 늬는 옛날에 볼쎄 알고 있었는 기라. 느그 에미가 자살헌 거이 아이라는 거슬……."

그토록 기나긴 세월이 흐르는 동안 단 한 번도 속 시원하게 말하지 못했던 아버지. 무겁고 내밀한 아픔을 혼자의 몸으로 삭이느라 아버지의 가슴은 이미 오래전에 피멍이 들었을 게 분명하다.

7

아버지는 어머니가 시집올 때 가져온 이젠 낡고 찌그러진 장롱에서 퇴색한 상자 하나를 꺼냈다. 군데군데 좀이 먹어서 구멍이 나 있는 초라한 물건이었다. 아버지의 손가락 끝에서 상자가 열리는 순간 내 가슴은 턱없이 덜퍼덕 내려앉았다.

"느그 에미 머크락이다."

아버지는 허망한 표정으로 간신히 입을 열어서인지 표정이 일그러져 있었다.

"참말로 모를 것이 그놈으 사람 맴이라 카더마는, 언제 참인가 그 머시냐 느그 어무니가 그 머크락을 안 짱그라부렀냐. 나가 눈구녁이 팍 뒤집혀뿐 거라. 한달음에 미장원꺼지 가서 머크락을 안 찾아왔냐. 느그 엄씨는 바람이 들대로 다 들어뿌린 거라."

아버지는 안주도 없이 연거푸 소주 두 잔을 마셨다.

"그러코롬 혀싸도 나는 마 나 팔짜거니 힘스롱 쎄가 빠지게 사정사정 안 혔냐. 당장 이 웬수놈으 무당질 때려치워 뿔고 어디 먼디 가서 재미나게 살자고. 근디도 이 여편네가 갈라스자고 펄펄 날뛰는 꼬라진께로 나 눈구녁이 팍 돌아갓분 거라."

나는 가슴속에 치밀어 오르는 뜨거운 불덩이를 간신히 삼키며 아버지의 이야기를 들었다.

"그카도 느그 에미 본바탕은 무지락스럽게 깨끔헌 여자그먼. 선 볼 때 그 진 머크락을 곱게 느렸뜨럿길레 요담에 결혼하고 나먼 빠마 시켜준당께로 느그 에미 말이 부모헌티 물려받은 걸 어치코롬 짱글것냐고 힘시롱 신주딴지거치 간직허고 산다고 허드랑께."

나는 불현듯 어머니가 죽던 어느 날의 기억을 더듬어 보았다. 내가 초등학교 2학년 때던가 3학년 때이던가 오전 수업만 하고 학교에서 돌아오니 아버지는 어머니가 약을 먹고 자살했다며 방 안으로 못 들어오게 막았다. 그 순간 지난밤에 어린 나를 공포의 도가니로 밀어 넣어 눈물 흘리게 했던 아버지와 어머니의 치열하게 싸우던 모습이 눈앞을 가렸다.

"늬도 기억할 거그먼. 느그 어무니가 죽던 날 무신 놈으 눈이 그러코롬 허벌나게 많이 내리든지 마리다. 긍께 그날 아칙에 늬가 학교로 가고난께로 그 찢어 쥑일 놈으 지배인인가 뺀드마스턴가 허는 놈이 떡허니 나타난 거라. 나는 마 눈구녘이 팍 뒤집혓지만도 젖 묵던 힘꺼정 내서 그놈을 깨끔허니 돌려보낸 거라."

아버지의 눈은 어느새 충혈되어 있었다. 세월 탓인지 모른다.

"제발 그만두세요. 아버지 제발 그만요……."

까닭 모를 서러움이 목젖을 자극하며 울컥 솟아올랐다. 나는 무조건 반사에 익숙한 파블로프의 개처럼 아버지의 마르고 거친 손목을 정신없이 잡았다. 아버지의 메마른 손마디에는 무거운 세월의 무게 탓인지 고통의 흔적이 고질화된 티눈처럼 박혀 있었다.

"나가 맹세허는디 쥑일 생각은 진짜로 눈꼽쟁이맨치도 읎엇는 거라. 나 몸에서 행불 내금새가 나서 몬 살것다고 허는 말에 나가 그만 눈이 팍 뒤집혀 홧김에 밀쳐뿐 거시……. 늬만 아니면 나는 마 볼쎄 데졌을 거라. 요 죄 많은 세상 머 땜시 살것냐. 다 늬 땜시 이 모진 목심……."

아버지는 이야기를 채 맺지 못하고 고장 난 기계처럼 끄윽끄

윽 흐느껴 울었다.

"근디 말이다. 늬도 쪼깜씩 커감스롱 이 애비를 무당으로 보기 시작헌 거라. 늬가 허구헌 날 집구석을 도망쳐 나가는 심정을 나가 왜 모르것냐."

"아버지……."

목이 메었다. 아버지는 눈물을 감출 생각도 않고 술잔만 계속 비웠다.

8

윤구가 일주일이 지나도 돌아오지 않자, 나는 무턱대고 바다로 갔다. 직행버스를 타고 25분쯤 가다 보면 거기에 질퍽한 바다가 누워 있다. 잠들어 있는 듯하다가도 실팍한 잠꼬대로 생명력을 표출하는 바다가 거기에 누워 있다. 내가 어렸을 때만 해도 어머니의 고향 마을인 이 바다는 실로 풍만하고 파랬다. 눈이 부실 것 같았고 눈이 시릴 것처럼 파랬다. 그러나 언제부턴가 이 바다에는 금속성의 많은 기계들이 설치되었다. 이른바 이 나라 굴지의 제철 공단이 이곳 바다에서 그 터를 잡은 셈이다.

중학교 때 나는 이곳에 제철소가 건설된다는 소식을 듣고 수많은 학생들과 같이 동원되어 이 지역에서 가장 큰 남중학교에서 지방 유지들과 함께 태극기를 흔들며 환영했다. 제철소만 건설되면 머지않아 이곳은 국제도시로서 발전할 거라며 군수는 침을 튀기며 발표했다.

10여 년이 흐른 지금 이곳은 시로 승격이 되어 하루가 다르게 표피적인 발전을 거듭하고 있다. 그러나 이제 어린 날의 그 짙푸르던 바다는 도난당했다. 다만 검붉은 기름이 번질거리는 오염된 바다만이 상처로 숨죽이고 있을 뿐이다. 김 양식도 망치고 굴 양식도 망쳐버린 생명 없는 바다만이 몸집 큰 코끼리 시체처럼 버티고 서 있다.

어머니가 죽고 나서 가장 많이 내렸던 눈이 거기에 켜켜이 쌓여 있었다. 어젯밤 텔레비전에서는 21년 만에 처음으로 맞게 되는 폭설이라고 흥분했다. 폭설로 뒤범벅된 멍든 바다. 이 절망의 구렁텅이 속에서 이 순간 내가 현명하게 택할 수 있는 최선의 방법은 죽음밖에 없다. 그것이야말로 가장 완벽하게 풍선에서 바람이 빠져나가듯이 삶의 옷자락으로부터 거뜬히 빠져나올 수 있는 최선의 방법이다. 죽음, 나는 미친 듯이 감탄했다. 최악의 절망적 상태에서 기막힌 방법을 낚아챈 것처럼 나는 감동했다. 물속에서 휘청거릴 것 같아 신고 있던 하이힐을 벗었다. 그리고 죽음의 냄새를 더 가까이에서 맛보기 위해 미세한 스타킹마저 벗어버렸다. 바닷물 속으로 들어갔다. 겉으로 보기에는 별 움직임이 없는 것 같았지만 물결이 적지 않게 일렁이고 있었다. 차갑고 찝찔한 바닷물의 감촉이 불현듯 산부인과 의사의 지극히 사무적인 말을 떠올리게 했다.

"3개월쨉니다. 축하합니다. 하지만 조심하세요. 이때가 가장 위험할 때니까요. 자칫 잘못하다간 유산될 수도 있다는 걸 아서야 해요."

산부인과 의원의 가파른 3층 계단을 내려오면서 나는 걷잡을 수 없는 현기증에 진땀이 다 날 지경이었다. 계단 위에 그대로 덜퍼덕 주저앉고 싶은 심정이었다. 내게 있어 임신은 과연 희망의 매개체일까. 아니면 절망을 배가시키는 자극제일까. 이런 생각을 하는 내 꼴이 못마땅하여 실없이 웃고 말았다.

9

바다에 어둠이 내려앉고 있었다. 어둠이 한 꺼풀씩 더해질 때마다 바다는 짐승처럼 강인해 보였다. 이제 내게 도대체 무엇이 더 남았을까? 더 멀리 도망칠 일도 더 뜨겁게 사랑할 일도 없는 내 척박한 빈 가슴에 도대체 어떤 빛깔이 채색될까. 바다 물결이 조금 전보다 더 거칠게 밀려왔다. 다시는 실패하지 않아도 될 그림자 없는 땅, 죽음으로 치닫기 위해 나는 점점 바다 한가운데로 진입해 들어갔다.

바닷물이 아랫배까지 차올랐다. 순간 이제까지 한 번도 감촉해 보지 못한 느끼한 것 같으면서도 어딘지 침범할 수 없는 미세한 움직임이 내 뱃속에서 아니 내 자궁 속에서 일어나고 있음을 나는 느낄 수 있었다. 뱃속의 그 형체도 여물지 않은 그 생명은 작은 몸짓으로 바다를 거부하며 나의 도피적 판단에 단매를 가하듯 역습을 해대는 것이었다. 철저한 패배자. 아버지가 어머니를 죽인 것처럼 나도 역시 뱃속의 아이를 익사시키려 했던 것이다.

나는 쫓기듯이 배를 싸안고 모래사장으로 뛰어나왔다. 거기에 내가 벗어둔 검은색 하이힐과 카키색 스타킹이 유품처럼 자리 잡고 있었다. 나는 물기 묻은 다리에 스타킹을 껴 신으며 하늘을 보았다. 별 하나 없는 무거운 하늘이 금방이라도 눈송이를 퍼부을 것처럼 대롱대롱 매달려 있었다. 뛰었다. 모래톱 사이에 하이힐 굽이 빠져 고통스러웠지만 나는 쉬지 않고 뛰었다.

그 형체를 알 수 없는 뱃속의 생명체가 이제 다시 힘차게 호흡하기 시작한 걸까. 뱃속의 움직임이 딱딱하게 굳어진 몸뚱이를 천천히 녹여냈다. 아버지의 그림자로 귀기가 서려 있는 그 아버지의 집으로 돌아갈 수밖에 없다.

"인자 늬 으쩔 거시냐?"

바다에서 죽음 연습을 하고 돌아온 이튿날 아침, 밥상을 들여놓는 나에게 아버지는 말했다. 나는 그저 망연해졌다.

"나는 마 볼쎄부터 다 알고 있는 거라. 늬를 뭐라 헐라고 그런 소리가 아이다."

"낳을 거예요. 걱정 마세요. 아버지."

"애비는 누구냐?"

애써 눈치를 보며 말꼬리를 사리는 아버지의 질척한 시선을 뒤로하고 나는 밖으로 나왔다. 아버지와 밥상을 함께 나누지 않은 것은 그 귀기 서린 아버지가 내뿜는 어두운 그림자 때문이었다.

아버지의 자디잔 기침 소리가 무거운 울림이 되어 내 방문을 흔들었다. 아버지의 저 잘고 깊은 기침과 한숨 속에는 아마도 선지피가 핏줄기를 이루고 있을 것이다.

"자냐?"

"아뇨. 아버지."

나는 흐트러진 옷깃을 바로잡고 안방 문을 열었다. 등 뒤에서 바람 맞은 별들이 투명한 빛줄기를 토해내고 있었다. 어느새 눈이 그친 모양이었다.

"앉그라. 인자 무당질 그만 때리치울란다."

아버지는 녹슨 자물쇠처럼 한없이 한숨을 토해냈다. 실로 뜻밖의 일이었다. 어린 시절 어머니가 그토록 애원하며 매달릴 때도 눈 하나 깜박하지 않고 무당 일을 보던 아버지였다. 어느 날인가는 마침내 어머니가 수면제를 먹었었다. 치사량을 넘은 수면제 때문에 어머니는 죽을 뻔했지만 막내 이모 때문에 그야말로 구사일생으로 살아났었다. 그 후 어머니는 못 마시던 술을 배워 읍내 극장식 나이트클럽 '아리랑'에 뻔질나게 출입했다. 그때도 아버지는 더 강인한 모습으로 무당 일에 열성이었다.

그런 아버지가 왜 갑자기 이런 결심을 했을까? 당혹해하는 나의 멍한 표정에 아랑곳하지 않고 아버지는 더욱 침울해진 목소리로 가만가만 말했다.

"나도 그 잘난 애비라고 늬헌티 헐 말은 읎지만도 늬가 그러코롬 애비 읎는 자석을 낳는당께로 나는 마 몬 말린다. 그치만도 늬가 이런 집구석에서 태어난 것도 나 거튼 천한 애비 만낸 것도 다 늬 팔짠 거라. 그렇게 팔짜라 허는 거시 피혀서 도망친다고 바뀌는 게 아닌 거라."

철학관을 그만둔다는 아버지의 말에 나는 도무지 어떤 식으로 대응해야 할지 몰랐다. 왜 그토록 어려운 결심을 했을까? 철학관과 무당 일을 떠난 아버지의 모습을 나는 도저히 상상할 수조차 없었다. 내가 아무리 부인하고 싶더라도 그것은 아버지의 하나밖에 없는 인생인 것이다. 무당 일은 아버지의 그림자인 것이 확실하다. 그런데 왜 아버지는 이제 와서 그 질긴 그림자를 지우려 할까?

"늬는 어채피 무당짓 혀서 묵고살 수 읎는 거 아이가?"

한평생 몸담았던 '구원 철학관'의 팻말을 떼어내어 불태우며 아버지가 한 말이었다.

구원 철학관을 처분하고 아니 무당 일을 그만두고 이사할 집을 보러 다니는 아버지의 모습은 그 어느 때보다도 늙고 병색이 완연해 보였다. 새로운 집을 보다가도 아버지는 공허한 한숨을 숨기듯이 뱉어내곤 했다. 구부정한 허리와 벌써 반백이 넘은 윤기 잃은 머리카락.

이삿짐을 다 꾸린 '구원 철학관'에서의 마지막 밤에 아버지는 숫제 잠을 못 이루는 것 같았다. 그 어느 때보다도 아버지의 기침 소리는 더 병적이고 고통스럽게 더 자주 발작적으로 쏟아졌다. 내가 아버지에게 못 할 짓을 하고 있는지도 모른다는 생각이 나의 가슴에 아프게 박혔다. 나 역시 잠을 이룰 수가 없었다. 아버지의 기침 소리를 들으며 나는 수돗가로 갔다. 짐꾸러미 속에 묻어둔 큰 대야를 꺼내 차디찬 물을 넘치도록 받았다. 버려도 될 후줄근한 옷가지들을 고무장갑도 끼지 않고 싸움질하듯이 빨아댔다. 아무런 감흥도 없었다. 평소에는 빨래를 빨고 나면 무엇인가 시원해지는 산뜻한 기분을 맛보곤 했었다. 그래서 고민이 있을 때나 화가 날 때는 빨래를 하곤 했다. 그러나 지금은 아무런 느낌이 없다. 아버지는 지금 어떤 기분일까?

나는 새벽 5시가 넘어서까지 빨래를 했다. 추위 탓인지 바닥에 흐른 물이 어느새 얼어붙어 있었다. 내게 병적인 거부감을 불러일으키게 했지만, 내게 대한 아버지의 사랑은 깊고 따스한 것이었으리라. 나는 나의 그런 생각을 감상이라고 욕질하며 애써 건조한 마음을 가지려 노력했다. 동이 환하게 터올 때까지 아버지의 자디잔 기침 소리는 들려왔고 깜박깜박하는 늙은 형광등은 여전히 켜져 있었다.

10

이사를 하고 최초로 맞이하는 신선한 새벽이었다. 나는 평상시보다 1시간가량 빨리 일어났다. 실로 오랜만에 아버지의 귀기 서린 어둡고 축축한 그림자로부터 완전히 벗어났다는 홀가분한 기분을 맛볼 수 있었다. 아버지의 방에서는 아까부터 인기척이 들리지 않았다.

아버지는 지금 이 순간 어떤 기분으로 새로 장만한 이 집에서 첫날을 맞이했을까?

"늬도 인자 부모가 돼보먼 나 속을 알 거라."

작은 트럭에 짐을 실으며 아버지는 지나치듯이 이런 말을 했다. 아버지의 이 말을 되새김질하며 나는 제법 돌출된 아랫배의 감촉을 손으로 쓸어보며 새집에서의 첫 아침을 만족한 기분으로 맞이했다. 무슨 일이 있어도 윤구에게 결코 이야기하지 않으리라. 지금도 윤구를 사랑하기에 그를 잊을 수는 없지만, 이제 다시는 그를 만날 이유가 전혀 없다고 스스로에게 다짐해 본다. 윤구의 분신을 낳아 키움으로써 나는 오랜 그림자로부터 해방될지도 모른다고 생각했다. 이런 생각을 하고 있는 나 자신을 발견하고 나는 놀라움을 숨길 수 없었다. 어느새 내 가슴속에 이런 유의 희망이 자리를 잡았는가?

부엌에서 나는 실로 오랜만에 아니 최초로 아버지를 사랑하는 마음으로 정성껏 아침을 지었다. 돼지비계를 유난히 좋아했던 아버지의 식성을 기억하며 나는 김치를 듬뿍 넣은 돼지비계 찌개를 끓였다.

아버지는 큰굿을 치르고 난 후 목이 붓거나 아플 때마다 돼지비계를 소금에 찍어 먹곤 했다. 그리고선 정말 목이 언제 아팠냐는 듯이 윤기 나는 목청으로 점을 치고 굿을 했었다.

밥상을 마루에 놓고 아버지의 방문을 열었다. 후끈한 음식 냄새가 금방이라도 식욕을 자극할 것 같아 나는 나 스스로에 대하여 대견한 심정까지 들 정도였다. 그러나 어찌 된 영문인지 아버지는 여태껏 자리에 누워 있었다. 한평생을 살아오면서도 아버지는 결코 늦잠을 자거나 낮잠을 자는 일이 없었다. 1년 365일을 비가 오나 눈이 오나 어둠이 채 가시지 않은 새벽녘에 아버지는 혼자 일어나서 그 저주스럽던 징소리와 북소리를 울려댔던 분이다. 그 소리를 들을 때마다 나는 찐득거리는 살의를 품으며 무슨 일이 있어도 저 북을 저 징을 찢고 부수리라며 이를 갈았다.

그런 아버지가 8시가 훨씬 넘은 이 시간까지 잠자리에 누워 있다는 사실은 예삿일이 아니다. 아무리 이삿짐을 꾸리느라고 피곤했다고 하지만 결코 늦잠을 즐길 분은 아니다. 갑자기 이상한 예감이 내 전신을 엄습해 왔다. 마치 생명체라고는 남아 있지 않을 것 같은 오래된 폐가에서나 느낄 수 있는 이상한 한기 같은 것이 이부자리를 둘러싸고 있었다.

"아버지."

그저 무방비 상태로 후들거리는 전신을 간신히 추스르며 나는 아버지를 소리쳐 불렀다. 아버지는 아무런 대답도 없이 미동 하나도 없이 그대로 누워 있었다. 유리함에 갇혀 있는 선비 인형처럼 딱딱하게 굳어 있었다. 나는 나무토막처럼 마른 아버지의 늙은 몸을 정신없이 흔들어댔다. 아버지는 숨을 멈춘 지 오래된 것 같았다. 나는 그제서야 아버지의 머리맡에 뒹굴고 있는 수면제를 담았을 성싶은 약봉지를 발견할 수 있었다. 나는 아버지의 굳어진 육신 위에 엎어져서 울음에 갈증 난 여자처럼 한참이나 울었다.

생전에 그토록 짙게 드리웠던 아버지의 그림자를 지우기 위해 나는 선미 이모의 억센 반발에도 아랑곳하지 않고 끝까지 화장을 고집했다. 화장터에서 금방 받아온 형광빛에 가까운 유골함은 아직도 아버지의 체온이 고스란히 남아 있었다. 그것은 당신의 생전에는 단 한 번도 느껴보지 못했던 아버지만의 부드러움이었다. '용서하세요, 아버지. 전 다만 아버지처럼 그림자 갖기를 원하지 않았을 뿐이에요.' 아버지의 잿가루가 된 육신을 뿌리며 나는 느닷없이 손수건을 적셨다. 아버지의 마지막 꺼풀인 그림자들이 하나씩 하나씩 하늘 속으로 빨려 들어가고 있었다.

보트에서 내려 자갈밭으로 걸어 나왔다. 순간 아버지와의 마지막 밤이 너무도 선명하게 떠올랐다. 그날 밤 아버지는 늦은 밤까지 불을 피웠다. 이사의 뒤끝이라 그저 쓸데없는 쓰레기를 태우는 것쯤으로 간주하고 나는 일찌감치 잠자리에 들었다.

"하늘이 두 쪼각 나도 팔짜는 못 쉭이는 거라. 지 아무리 날고 뛰는 놈이라 케도 지 팔짜는 으쩔 수 없는 거라. 나가 늬 애빈 거 가치로 말이다."

새로 이사한 집 마당에서 여러 가지 허접쓰레기를 태우던 아버지의 목소리에 죽음이 묻어 있을 줄은 나는 짐작조차 하지 않았다.

하이힐에 밟혀 자갈밭이 둔탁한 비명을 질러댔다. 얼어붙은 하천에 진눈깨비가 그 두께를 더하고 있었다. 정말 금방이라도 무언가 울컥 쏟아질 것 같은 을씨년스러운 날씨다. 코트에 묻은 진눈깨비를 털다가 나는 그만 얼굴도 알 수 없는 한 생명체의 밉지 않은 움직임을 느낄 수 있었다. 녀석은 처음으로 내 자궁을 힘차게 발길질하고 있었다. 불현듯 윤구의 얼굴이 나타났다가 그 위에 아버지의 얼굴이 겹쳐졌다. 나는 스며드는 진눈깨비의 용해력을 뒤로하며 그 황량한 겨울의 하천을 빠져나왔다.

어머니는 바게트를 먹는다

한기가 느껴졌다. 목이 찌뿌드드하고 어깨가 뻐근한 것이 영 개운치 않다. 희부윰한 어둠 속에서 휴대폰 폴더를 여니 아직 5시도 안 된 새벽이다. 간밤에 바람이 많이 불고 비가 꽤 많이 왔다. 마음만 먹으면 성인 남자 십수 명은 쉽게 날려버릴 것 같은 기세로 불어대던 태풍 라마순의 꼬리를 아파트 베란다 유리문을 통해서 음미하며 나는 무엇을 생각했던가. 아버지, 엄마, 수정이, 어린이집 선생님, 군 입대, 소설, 신춘문예, 바게트.

어머니는 바게트를 먹는다. 희부윰한 어둠 속에서 탱크톱을 입은 상반신이 기묘하게 꿈틀거린다. 생쥐가 베니어판을 갉아대는 것처럼 살금살금 바게트를 씹는 소리가 여간 신경 쓰이는 게 아니다. 갑자기 플래시를 기습적으로 켜서 어머니 쪽으로 빛을 쏘고 싶다. 어머니는 플래시 빛에 놀라 눈을 왕방울만 하게 뜨고 엉거주춤 몸을 일으킬까. 아니면 플래시 빛을 피하며 눈을 가늘게 뜨고 나를 째려볼까.

나는 요 몇 달 동안 잠다운 잠을 한 번도 자본 적이 없다. 가위에 눌린 것도 아니다. 악몽에 시달리는 것도 아니다. 몸이 피곤에 젖어 불면증으로 반란의 깃대를 꽂는 것도 아니다. 잠자리에 누우면 머릿속이 어수선하고 가슴이 뱃멀미라도 일으키는 듯 스멀스멀 두근거린다. 꿈도 아니고 누구의 사진도 아닌 것들이 머릿속에서 수없이 찍혔다 사라짐을 반복하는 사이 나는 어느 순간 의식의 끈을 놓는 모양이다. 그러다 한기를 느끼고 휴대폰 폴더를 열어 시간을 확인하고 바게트를 먹는 어머니를 본다.

다음 달이면 영장이 나온다. 군 입대를 위해 휴학을 했다. 아버지와 상의하지 않았다. 군대, 남자의 일생에서 어쩌면 결혼보다 중요한 삶의 과정일지 모른다. 다른 사람은 몰라도 최소한 아버지하고는 상의했어야 했다. 휴학계를 내고 꼬박 하루를 온전히 잠에 투자한 뒤 군대 가겠다고 아버지한테 통보했다. 아버지는 아무 말 없이 담배만 태웠다.

"자네 그 작품 냄새가 좋아. 신인간 신문의 신춘문예는 자네 거나 진배없어. 게으름 피우지 말고 무조건 쓰라고. 코피 한두 번 안 쏟고 신춘문예 당선되는 줄 알아. 잠자지 말고 말야."

'소설 창작론'을 강의하는 이은덕 교수의 성화에 못 이겨 하룻

밤 새 몇 자 끄적거려 간 것을 두고 하는 소리다. 하나의 소설로 치면 '발단' 부분 정도 쓴 여자들 뒷물할 때 쓰는 밑씻개만도 못한 글이다. 그럼에도 이 교수는 느낌이 좋다 한다. 등을 두드리는 이 교수의 손길에 전에 없던 힘이 들어 있다.

야 무스크 와인 레드 샤워코롱. 그녀가 내 방에 들어왔다. 내가 좋아하는 스펀지케이크와 키위주스를 들고 웃음 짓고 있다.
"우리 현우 배고프지. 아침도 안 먹었잖아. 이것 봐. 이쁘게 만들었지. 먹음직스럽겠지. 먹어봐."
그녀는 이불을 머리끝까지 뒤집어쓴 내게 다가와 간지럼을 태우며 느물느물한 애교를 부린다.
구역질이 난다. 불결하다. 더럽다. 푸세식 화장실의 구더기보다 더 더럽다. 야 무스크 와인 레드 샤워코롱. 나는 간지럼을 태우는 그녀를 향해 힘껏 발길질했다. 생각했던 것보다 쉽게 벌렁 넘어지는 그녀를 나는 보지 않았다. 잠시 후 내 방을 나가는지 슬리퍼 소리가 들린다. 방문 닫는 소리는 들리지 않는다. 슬리퍼 소리가 끊어질 즈음 일어나 방문을 닫고 파리약 피디피를 방 곳곳에 꼼꼼히 뿌린다. 피디피는 독한 살충제다. 뿌리고 1초도 지나지 않아 시커먼 파리들이 일렬종대로 죽어 나자빠진다. 그래도 좋다. 야 무스크 와인 레드 샤워코롱만 지워낼 수 있다면 독한 것쯤은 참을 수 있다. 설사 내가 저 시커먼 파리 떼처럼 죽어 나자빠진다 해도 슬플 것도 없다.

처음 만났을 때 그녀는 내가 다니는 어린이집 선생님이었다. 다섯 살의 나는 초등학교 병설 유치원 오전반에 다녔다. 그러다가 엄마의 갑작스러운 죽음으로 인해 어린이집 종일반으로 옮겼다.

그녀가 우리 집에 처음으로 온 날 내 머릿속에 남겨진 그녀의 첫인상은 내 가슴을 부풀게 하기에 족했다. 엄마의 죽음이 몰고 온 감당하기 어려운 슬픔의 무게와 상처로 일그러져 있던 내게 그녀는 어쩌면 천사 이상의 의미였는지 모른다. 잘 여문 양파 뒤꼭지처럼 귀엽게 묶은 머리, 하얀 양파 속 같은 정결한 미소. 아이들과 어울리지 못하고 장미반 교실 한 귀퉁이에서 어깨를 구기고 앉아 있는 나를 그녀는 몹시 안쓰러워했다. 어린이집에 처음 간 날 나는 장미반 교실을 가득 메우고 있는 내 또래 아이들의 눈에서 나와 다른 어떤 광채 같은 것을 보고 말았다. 그들이 나와는 다르다는 끝없는 절망감. 그것이 나의 어깨를 한없이 구겨지게 했다.

오후 6시가 되자 아이들의 엄마 혹은 아빠, 할머니가 와서 아이들의 손을 잡고 어린이집을 나섰다. 나만 남았다. 엄마도 아빠도 오지 않았다. 피아노 옆에 있는 키 큰 옷걸이에서 바바리코트를 내려 입으며 선생님은 내게 씩 웃어주었다.

"가자. 현우야! 니네 아빠가 오늘 좀 늦는대드라. 선생님이 집까지 데려다줄게."

선생님은 작은 나의 손을 꼭 잡아주었다.

그녀와 나는 단시간 내에 무척 가까워졌다. 그녀는 날마다 나를 집까지 바래다주었고, 어떤 날은 나를 위해 스펀지케이크까지 만들어 주었다. 가끔은 아주 가끔은 따뜻한 저녁을 손수 지어 먹여주고 침대맡에 앉아 부드러운 목소리로 자장가를 불러주기도 했다. 잠을 자다 오줌을 누려고 일어나 보면 그녀는 빈 의자만 남기고 없었다. 내가 자는 걸 확인하고 불을 끄고 그녀의 집으로 갔으리라. 그럴 때마다 나는 무엇인지 모를 절박한 상실감을 느껴야 했다. 오랫동안 내 몸의 일부였던 신체의 어느 부분이 떨어져 나가 버린 것처럼 막연하지만 절박한 어떤 상실감이었다.

엄마를 잃은 다섯 살의 나는 조금 더 엄마의 가슴을 느끼고 싶었다. 빠글빠글 아줌마 파마를 하고 구릿빛 얼굴로 구김살 없이 웃고 있는 사진 속의 엄마. 그 무렵 나의 유일한 취미는 사진 속의 엄마를 상대로 하루 종일 내게 있었던 모든 일, 내 마음속에 있는 세세한 궤적까지 다 토해내는 것이다. "엄마 나 오늘 많이 슬펐다. 학부모 참관수업 하는데 나만 아무도 안 온 거야. 내가 한자 맞추기 퍼즐 제일 잘했는데 아무도 안 온 거야. 슬펐어. 눈물이 났어. 엄마 보고 싶었어."

그러면 사진 속의 엄마는 신기하게도 파란 플라스틱 슬리퍼를 신고 사진 속에서 걸어 나와 나를 안고 볼을 비비며 "그래, 내 새끼 예쁜 내 새끼, 엄만 니 마음 다 안다. 내 새끼가 한자 맞추기를 얼매나 잘허는지도 다 안다. 엄마 다 봤다. 니 눈에는 안 보여도 엄마 그 자리에 있었다. 내 새끼 잘헌다고 얼매나 박수를 많이 쳤는데. 내 새끼 니 저티는 항상 이 엄마가 있음을 잊지 말어야 헌다. 알것제." 하고 얘기했다. 그렇게 사진 속의 엄마랑 한없이 얘기하다 보면 나는 엄마가 죽었다는 사실마저 잊어먹곤 했다.

다만 내가 그런 가운데서도 나만의 룰을 만들어 꼭 지킨 것 중의 한 가지는 그녀와의 일, 그녀에 대한 내 마음만은 엄마에게 고백하지 않았다는 사실이다. 그것만은 엄마에게 말하지 말아야 한다는 내 나름의 비장함이었다. 사실은 다른 어떤 것보다 더 많이 하고 싶고 더 오래 얘기하고 싶었는데 그러면 안 될 것 같아 참느라고 내 딴에는 무진장 힘들었다.

나와 그녀는 이제 하루라도 안 보면 식사를 거른 것처럼 허전한 느낌이 들 만큼 아주 많이 친해졌다. 나는 이제 그녀를 어려워하지 않는다. 어린이집 원장님이나 다른 선생님에게서 느끼는 거리감 같은 것은 단 한 오라기도 존재하지 않는다. 그녀에게는 뭐든지 다 이야기하고 싶고 어리광도 부리고 싶고 그런다. 그렇지만 단 한 가지 아직껏 그녀에게 말하지 못한 것이 하나 있다. 아니 끝까지 말하지 말아야 할 것이 있다. 엄마 사진과 내가 나누는 행복한 의사소통에 대한 것은 그녀에게 알려서는 안 되는 나만의 금기이다. 만약 내가 그녀의 편안한 미소에 취해 나도 모르게 엄마 사진에 대한 이야기를 그녀에게 발설한다면 그것은 어쩌면 엄마의 사랑에 대한 배신행위인지도 모른다. 그래 그것만은 참자. 그녀가 아무리 편안하고 내 마음을 다 이해해 주는 사람이라 할지라도 엄마와 나 사이에 이루어지는 그 한 가지 비밀만은 끝까지 비밀로 간직하자.

어머니는 오랜 기아 상태에 허덕인 사람처럼 바게트를 먹는다. 마른 바게트 부스러기가 흐릿한 불빛 사이로 먼지처럼 흩날린다. 식탁에 앉아 바게트를 먹는 스물네 살의 가혹할 만큼 젊은 어머니. 소파에 앉아 건성으로 책을 보는 스물두 살의 아들. 거실에 켜진 흐릿한 불빛이 두 사람 사이를 비춰주는 유일한 빛이다.

바게트를 먹으면 세상이 비로소 보여. 세상이 아직도 날 버리지 않았음을 알 것 같아.

어머니의 목소리가 들린다. 내게 하는 이야기인지 혼자 내뱉는 넋두리인지 분간하기 어렵다.

둥그런 어깨를 미세하게 움직이며 어머니는 바게트를 먹는다. 탱크톱의 어깨끈이 흐린 불빛을 받아 묘하게 꿈틀거린다. 바게트를 먹는 어머니의 모습은 우리 집에 처음 온 날부터 볼 수 있었던 조금은 엽기적인 정물화 같은 것이었다.

나는 사실 어머니에 대해 아무런 관심이 없다. 어머니는 바게트를 먹다 제풀에 지치면 식탁에 엎드려 잤다.

바게트를 먹는 어머니의 모습은 하루가 시작됨을 알리는 통과 의례와 같은 일관성을 지녔다. 나는 어느새 어머니의 그런 모습에 익숙해져 갔다. 무슨 맛으로 먹는지 무엇을 생각하면서 먹는지 물어보지 않았다.

언젠가 내가 딱 한 번 "바게트를 왜 맨날 먹어요?" 하고 집요하게 따져 묻자 "살고 싶어서. 그냥 살아 있다는 것을 확인하고 싶어서."라는 두 문장이 채 안 되는 말만 흘리고 어머니는 입을 다물고 말았다.

내 나이 다섯 살. 아직도 콧물을 흘리고 콧물이 흐르면 화장지로 닦아내는 세련됨보다 옷소매 끝으로 훔치고 마는 코흘리개나. 그때 나는 세상에 태어나서 죽음과 처음으로 조우할 수 있었다. 엄마의 죽음. 뼈쩍 마른 엄마. 그러나 누구보다 강단지고 건강한 엄마. 아버지가 사 온 갈비 한 짝을 다 먹고 이질에 걸려 며칠 동안 설사만 하다가 마지막 순간에는 노란 위액까지 다 토하고 죽어버린 엄마.

며칠 전에도 아버지는 동네가 시끌벅적하도록 엄마를 때렸다. 아버지는 아마도 그것에 대한 사죄의 의미로 큰맘 먹고 갈비짝을 사 온 듯하다.

나는 갈비가 싫다. 갈비찜, 불갈비, 소갈비, 갈비탕 다 싫다. 갈비를 싫어하던 엄마. 그때 운명처럼 갈비를 게걸스럽게 먹더니 그렇게 죽었다.

 엄마를 너무나 일찍 여읜 다섯 살배기 아이의 하늘이 붕괴되는 듯한 가혹한 슬픔, 무서움, 공포, 우울, 대상조차 분명치 않은 집요한 미움의 입자까지 어린 내 가슴에 고통의 못을 쉴 새 없이 박아댔다.

 엄마에 대한 기억. 깡마른 왜소한 체구. 그러나 강단진 모습. 온몸에서 새어 나오는 사투리의 정겨움. 내 새끼 예뻐 죽거튼 내 새끼, 하며 보듬던 가슴. 고모와 엄마, 내가 함께 찍은 빛바랜 백일 사진. 그 나머지 자질구레한 엄마의 유품은 아버지에 의하여 말끔히 불태워졌다.

 엄마가 죽은 지 넉 달이 다 되도록 아버지는 아무 일도 하지 않았다. 사무실에 나가지도 않았고, 바이어를 만나지도 않았고, 신문을 보지도 않았다. 안방에 틀어박혀 꼼짝하지 않았다. 가끔 문틈으로 새어 나오는 아버지의 기침 소리와 한숨 소리만이 그나마 아버지의 존재를 알리는 유일한 단서였다. 서남댁 아주머니가 식사시간마다 밥을 차려 놓아도 아버지는 한 번도 나와보지 않았다. 하루 종일 식사도 안 하는 것인지 내가 어린이집에 가고 나면 혼자서 식사를 하는 것인지 나로서는 알 길이 없었다.

 조바심이 난 내가 어쩌다 문틈으로 방 안을 조심스럽게 들여다보면 아버지는 등을 보인 채 석고상처럼 앉아 있었다. 어지럽게 널브러져 있는 소주병과 담배꽁초, 빈 담뱃갑, 화장지 조각들을 보기만 해도 슬펐다.

 엄마가 살아 있었다면 견디지 못했을 것이다. 엄마는 다른 것은 다 참아도 더러운 것과 배고픈 것은 참지 못했다. 특히 방이 지저분해지는 것은 병적일 만큼 싫어했다. 쓸고 또 쓸고 닦고 또 닦고 그러고도 모자라 방바닥을 손가락으로 한 번 훔쳐 손가락 끝에 묻어나는 미세한 먼지 하나까지 용서하는 법이 없었다. 먼지 하나조차 마음 놓고 쉬지 못하던 너무도 깨끗한 방이었는데 이젠 발 디딜 틈도 없이 어지럽혀져 있다.

 가을이 한참 여물어 가는 9월 중순의 어느 토요일 어린이집을 11시에 파하고 집으로 돌아오니 안방 쪽에서 녹슨 쇠붙이가 끊어지는 듯한 둔탁한 소리가 들렸다. 기침 소리도 아니고 한숨 소리도 아닌 것이 들림은 분명 이상한 일이다. 무슨 일일까. 무슨 소릴까. 나는 종종걸음으로 안방 쪽을 향해서 걸었다. 아무 소리도 들리지 않았다. 내가 잘못 들은 모양이다. 하기야 요즘 내 귀는 내가 생각하기에도 정상이 아닌 듯하다. 밤에 잠잘 때도 이상한 소리가 들린다. 어린이집에서 피아노 소리를 들을 때도 피아노 소리 아닌 또 다른 소리까지 겹쳐서 들린다.

 그런 생각을 하며 몸을 돌리는데 또다시 그 소리가 들린다. 끊어질 듯 끊어질 듯 가파르게 들리는 그 소리. 나는 안방 문에 귀를 대고 온 신경 세포를 긴장시키며 그 소리의 정체를 잡기 위해 어린애답지 않게 집중했다. 아, 그 소리 그것은 분명 아버지의 소리였다. 목소리가 아닌 울음소리였다. 아버지가 울다니 그럴 리가 없다. 내가 잘못 들은 것이다. 아버지는 눈물이 없는 냉혈한이다. 폭력과 무식함과 폭언만이 진정 아버지답다. 그런 아버지가 운다는 것은 말이 안 되는 것이다. 문틈으로 들여다본 아버지는 엄마가 생전에 베던 베개를 안고 울부짖고 있었던 것이다. 턱턱 갈라진 울음소리. 왠지 사람의 울음소리 같지 않고 야수의 그것처럼 이물스럽고 섬찟했다.

그날 밤 아버지는, 나의 출생을 기념하기 위해 엄마가 윗마을 묘목시장까지 걸어가서 손수 사다 심었다는 배나무 아래서 혼자만의 의식을 치렀다. 엄마가 가져가지 못한 자질구레한 유품들. 그것들을 밤새 불태웠다. 불태움, 소각의 의미는 무엇일까. 엄마의 유품을 태워 없애는 것이 아닌 엄마라는 아니 아내라는 존재를 태워 없애는 듯했다.

그날 이후 아버지는 숨 가쁘게 변하고 있었다. 지난날의 아버지 모습은 내 기억 속에서 점점 빛을 잃어갔다.

우리 집은 유난히 마당이 넓었다. 어린 내 기억으로는 어린이집 운동장보다 2배쯤은 넓게 느껴졌다. 방문을 기점으로 100미터 정도 떨어진 곳에 어지간한 밭보다 큰 텃밭이 있었다. 계절에 따라 여러 가지 남새와 과일나무들이 옷을 바꿔 입곤 했다. 배추, 무, 시금치, 가지, 오이, 고추, 콩, 팥, 아욱, 갓, 상추, 부추, 포도나무, 대추나무, 감나무 참으로 많은 가족들이 정답게 허리를 마주

하고 허리를 부비며 살았다. 뒤란으로 돌아가면 돼지, 닭, 개의 축사가 있었다. 엄마는 눈뜨기 무섭게 그들에게 달려갔고 그것들을 가꾸고 기르고 유난히 정을 쏟았다. 엄마는 결혼 4년 만에 어렵게 나를 낳았다.

내 마음의 꿈의 공간 텃밭. 엄마는 그곳에 사랑을 심었고 나는 그곳에 꿈을 심었다. 그곳에서 나는 세계명작동화를 읽고 동화 속 주인공이 되어 꿈의 세계를 마음껏 여행했다.

텃밭은 항상 살아 있었다. 숨 쉬고 있었다. 텃밭에는 계절이 있었다. 봄이면 상추 싹이 돋아 새털 같은 여린 떡잎으로 이슬비를 맞았고, 여름이면 담배 잎사귀처럼 물오른 상추 사이로 노란 꽃을 피우던 무성한 상추 군락, 가을이면 콩 포기가 여물고 들깨가 익고 대추가 검붉어지고, 겨울이면 짚단 사이로 살짝 고개를 내민 봄동이 앙증맞았다. 텃밭 한 귀퉁이에 구덩이를 깊게 파고 겨우내 먹을 무를 저장했는데, 엄마가 해거름판에 저녁 찬거리 준비하기 위해 눈 쌓인 무 구덩이를 들출 때면 하얗게 피어오르던 김 같은 것이 어린 나로서는 텃밭에서 얻는 또 다른 즐거움이었다.

겨울철이 되면 엄마의 특기가 하나 더 늘어났다. 뜨개질이 그 것이다. 아버지의 스웨터를 뜨고 내 목도리를 뜨고 심지어 내 장갑 내 양말까지 엄마는 손뜨개로 완성해 냈다. 맵시 있고 꼼꼼한 솜씨가 다른 사람의 부러움을 사기에 충분했다. 엄마는 뜨개질하면서 얘기를 한없이 들려주었다. 전설 속의 이야기, 동화 속 이야기, 엄마의 어린 시절 이야기, 엄마가 직접 만든 이야기까지 지금 생각해 보면 그렇게 신기할 것도 재미있을 것도 없는 이야기인데 그때는 왜 그렇게 신기하고 재미있고 행복했을까.

날이 저물면 '내일 또 들려주마.' 약속하던 엄마의 이야기는 다시 시작되지 못하고 내가 다섯 살이던 어느 순간에 가뭇없이 사라지고 말았다.

어머니는 몹시 피곤해 보인다. 창백한 얼굴이다. 나는 오랜만에 참으로 오랜만에 어머니의 내면이 궁금하다. 나만큼 어머니도 아픈 것일까.

누가 날 구해줄 수 있을까. 내 나이 또래의 어설픈 연애나 불장난 따위로 그것이 가능할까. 절망의 섬. 내 마음 곳곳에 빼곡히 고개를 내민 질긴 우울. 나는 정말 어떻게 살아야 할까.

수정이. 눈물이 예쁜 여자. 따뜻한 가슴으로 나를 품어주기도 하는 여자. 엄마처럼 강단진 눈으로 넌 내 거야 하던 여자.

어머니는 바게트를 먹는다. '잎새주'라는 이름의 소주를 이빨로 까고. 암울한 내 의식의 저변에서 나를 떨리게 하는 것은 다름 아닌 어머니라는 기막힌 사실. 나는 할 수만 있다면 그것을 부인하고 싶다. 어느 순간부터 어머니는 내 눈동자 안에서 한 발자국도 벗어나지 못한다.

양파 꼭지처럼 귀여운 그녀에게서 동요를 배우고 숫자를 배우고 〈텔레비전에 내가 나왔으면〉을 모션으로 배우는 사이에 그녀는 이미 눈물 나게 고맙고 달콤한 선생님이 아니었다.

구토증을 부추기는 야 무스크 와인 레드 샤워코롱. 길고 빨간 야수 같은 손톱. 딱 달라붙은 스판 소재의 얇은 옷. 지나치게 돌출된 앞가슴. 그녀가 그렇게 변해가고 있을 때 또 한 사람의 변화가 나를 공포 속으로 집어넣었다. 아버지. 그랬다. 아버지가 변했다. 피도 눈물도 없는 조폭보다 잔인한 아버지. 그 아버지가 변했다. 불안했다. 아니 불길했다.

아무런 힘도 영향력도 없는 나는 그저 그것이 현실이 아니기만 손바닥이 닳도록 기도했다. 나의 기도는 끝내 무력했다. 속수무책이었다. 아버지와 그녀는 눈에 띄게 밀착되어 있었다.

가끔 집이 멀다는 이유로 버스가 끊겼다는 이유로 그녀는 다음 날 아침까지 우리 집에 머물렀다. 오줌이 마려워 잠결에 눈꺼풀이 붙은 채 화장실 문을 열려 하면 부엌 쪽에서 도마질 소리가 들렸다. 엄마인가 싶어 가슴을 콩닥이며 눈을 크게 뜨면 사이즈가 큰 아빠의 면티를 걸친 그녀가 콧노래를 부르며 오므라이스를 만들고 있었다. 그런 날이면 나는 뒤란 쪽으로 난 쪽문을 통해 도망치듯 어린이집으로 갔다. 기분 나쁘게 쏟아지는 눈물을 훔치지도 않고 '재수 없어.'를 되뇌며 어린이집으로 갔다.

바람이 미친 듯이 불어대던 날 밤. 철제 대문이 죽어라 울고 아버지는 러닝셔츠 바람으로 대문을 열었다. 헝클어진 긴 머리채. 찢겨지고 터진 타이트 스커트. 오른발에는 하이힐. 왼발에는 파란색 플라스틱 슬리퍼. 반쯤은 웃고 반쯤은 우는 기묘한 표정의 그녀.

"저 이제 갈 데가 없어요. 저 쫓아내지 마세요."

그녀는 아버지의 품으로 물 젖은 종이뭉치처럼 널브러졌다. 아버지는 등 뒤에 다섯 살의 내가 있다는 사실조차 무시하고 그녀를 껴안으며 그녀의 입술을 더듬었다.

눈물이 났다. 바람이 내 작은 얼굴을 있는 대로 할퀴었다. 자꾸만 엄마를 불렀다. 내 새끼 불쌍헌 내 새끼, 하고 내 볼을 쪽쪽 빨던 엄마.

그녀와 아버지의 본격적인 동거. 나로서는 도무지 이해가 되지 않았다. 대학까지 나온 예쁘고 세련되고 교양 있고 젊은 어린이집 선생님. 초등학교도 제대로 안 나온 무식하고 못생기고 나이 많고 폭군형인 아버지. 도무지 합일될 것 같지 않은 너무도 이질적인 그들. 그래도 그들은 무슨 까닭인지 늘 붙어 다니는 물체와 그림자 같은 사이였다. 자웅 동주의 나무처럼 늘 붙어 있었다.

그녀가 우리 집의 안방마님이 되었다. 213평이나 되는 저택의 안방을 차지한 그녀. 그녀는 4년째 다니던 어린이집을 그만두었다. 나에게 동요도 숫자도 재미있는 무용도 더 이상 가르쳐 주지 않았다. 양파 꼭지처럼 귀엽게 묶은 생머리는 적당히 잘려져 포도주빛 코팅을 하고 웨이브 파마로 변했다. 하얀 양파 속같이 달콤하고 곱던 웃음은 어딘지 나의 눈치를 살피는 듯한 과잉된 친절이 섞인 칙칙한 웃음으로 변했다. 양파 같은 선생님을 내가 얼마나 좋아했는데.

그녀는 예전보다 100배는 더 친절해졌는데 내게는 아무런 감동도 없었다. 그럴수록 나에게 그녀는 낯선 존재로 겉돌 뿐이었다. 그녀는 나를 차츰 거북해하는 것 같았다.

그럭저럭 1년이 지난 7월의 어느 금요일 오후 3시 다른 날보다 일찍 집으로 돌아왔다. 매주 금요일은 도시락과 간식을 준비하는 날이다. 평소 때는 어린이집에서 점심과 간식을 주며 오후 6시에 끝난다. 그러나 매주 금요일은 원생이 직접 도시락과 간식을 준비해야 하며 오후 3시에 끝난다. 오후 3시에는 학부모 회의가 이루어진다.

나는 오늘 아침 그녀에게 학부모 회의가 있다고 말하지 않았다. 어린이집 선생님이었던 그녀가 누구보다 잘 알고 있기 때문이다.

장미반 교실에 걸린 벽시계가 2시 30분을 가리킬 때부터 학부모들이 모여들기 시작했다. 아이의 가방을 받으며 뽀뽀를 하고 '우리 귀염둥이 고생 많았지.'를 연발했지만 3시가 넘어 아이들이 모두 집으로 돌아가고 방금까지 아이들이 머물렀던 그 공간에 학부모들이 자리를 잡을 때까지 그녀는 나타나지 않았다. 그녀 따위는 기다릴 것 같지 않았는데 어느새 나는 그녀를 기다리고 있었던 것이다. 눈물이 났다. 나만 엄마가 없다는 상실감. 슬픔이 밀려왔다.

힘없이 집 앞에 도착한 내 시선에 잡히는 낯선 사물이 하나 있었다. 낡은 황토빛 포니 승용차. 군데군데 도색이 벗겨져 차체의 속살이 언뜻언뜻 보이는 적어도 10년 정도는 굴러다녔을 것 같은 낡은 차. 누군가 온 모양이다. 아빠 친구. 아니다. 아빠 친구라면 아빠가 이 시간에 집에 없으리라는 것을 누구보다 잘 알 것이다. 집으로 오기보다 아빠 사무실로 찾아갔을 것이다.

누가 온 것일까? 3일 후에 있을 공개 수업에서 보여줄 찰흙 공예를 아침부터 지금까지 계속 연습하느라 나는 팔도 아프고 어깨가 결려서 빨리 쉬고 싶었다. 내 방에 가서 방문을 걸어 잠가 놓고 그냥 푹 쉬고 싶었다. 나는 그녀와 단둘이 집에 있는 날이면 반드시 방문을 잠근다. 혹여 간식이라도 가지고 그녀가 내 방으로 오면 그 순간 내 방의 모든 질서, 내 마음의 모든 자유는 있는 대로 어지러워질 뿐이다. 그녀로 인하여 내 마음의 소중한 자유를 결코 침해당하고 싶지 않기 때문이다. 지금부터 자기 시작하면 적어도 아빠가 귀가하는 저녁 10시까지는 마음 놓고 자도 된다.

내 방 쪽을 향해서 걸음을 옮기는데 안방 쪽에서 신음 소리 같은 것이 들렸다. 울음소리 같기도 하고 욕을 짓씹어 대는 소리 같기도 하고 몹시 앓는 소리 같기도 했다.

뒤란 느티나무 쪽에서 매미가 악을 써대고 솜털구름 사이로 태양이 붉은 혀를 낼름거린다. 흐르는 땀을 손으로 훔치며 나 자신도 미처 의식하지 못하는 사이에 내 발길은 이미 소리 나는 쪽으로 최대한 가까워지고 있다. 바퀴벌레 서너 마리쯤은 가뿐히 통과할 정도로 안방 문은 열려 있다.

아, 그런데 나는 걷잡을 수 없이 눈물이 볼을 타고 흘렀다. 양파 속처럼 순수했던 그녀가 유난히 낯익은 뒤통수를 가진 남자의 알몸 아래 깔려 신음하고 있었다. 그녀 또한 알몸이었다. 땀으로 번들거리는 남자의 등판을 보며 나는 그만 구역질을 하고 말았다.

다리에 힘이 풀렸다. 현기증이 나고 머리가 스멀스멀 울리는 것이 영 개운치 않은 기분이었다. 내 방으로 가야 하는데 움직일 수가 없다. 다리에 힘이 풀려 한 발자국 움직이는 것조차 버거웠다. 그러다 그만 남자의 복부 아래 깔려 신음하던 그녀와 눈이 마주치고 말았다. 지랄 같았다. 순간 그녀의 눈빛이 경직되었다.

어떻게 내 방까지 왔는지 기억이 나지 않는다. 문을 걸어 잠그고 침대 위를 뒹굴며 울었다. 끊임없이 흘러나오는 눈물을 닦을 필요도 없었다. 침대 시트가 눈물로 얼룩졌다. 윗도리의 $\frac{1}{3}$쯤은 눈물로 범벅이 되었다. 코가 막히고 귀가 먹먹했다. 내 엄마도 아닌데 내 엄마도 아닌데. 콧물까지 나왔다. 티슈를 한 움큼 뽑아 코를 풀고 침대에 큰대자로 누우니 아무 생각도 아무 의욕도 없어졌다.

탈진한 모양이다. 창문을 열려고 몸을 일으키니 다급하게 방문을 두드린다. 그녀일 것이다. 나는 방문을 열지 않았다. 대신 그녀가 어린이집 선생님일 때 내게 생일 선물로 준 라라 인형을 방문 쪽을 향해 힘껏 내동댕이쳤다. 그때 그녀는 내 머리를 쓰다듬으며 말했다.

'현우는 엄마가 안 계신댔지. 이 라라 인형은 선생님이 제일 아끼는 재산 목록 1호야. 내가 어렸을 때 아빠가 사 주신 거거든. 내 분신이야. 선생님은 현우를 엄마처럼 사랑해 주고 싶어. 현우가 잠잘 때는 자장가를 불러주고 싶고 아침에 일어나면 세수를 시켜 주고 싶고 맛있는 수프도 만들어 주고 싶고 근데 그게 현실적으로는 불가능한가 봐. 그래서 생각한 건데 이 라라 인형이 바로 선생님이거든. 이걸 네게 주고 싶어. 이 라라 인형을 선생님이라고 생각해. 그러면 현우는 외롭지 않을 거야.'

그때 나는 얼마나 감동했던가. 어린 마음에도 세상 모든 것을 다 얻은 것 같은 부자 된 마음. 죽은 엄마가 되살아 온 듯한 착각으로 나는 선생님 몰래 내 배꼽 주위를 한 번 꼬집었다. 아픔이 머릿속까지 전해졌다.

라라 인형의 살림 도구까지 하나하나 집어 던졌다. 플라스틱 솥단지, 프라이팬, 밥그릇, 수저, 도마, 세숫대야, 냄비, 마늘 절굿공이, 장바구니, 가스레인지, 전자레인지, 머리빗, 화장 도구. 하나씩 던지다 지쳐 서너 개씩 한꺼번에 던졌다. 그러고 보니 라라 인형의 살림이 참 많다. 그녀가 아버지의 옆자리에 있지 않았을 때 나는 그녀를 머릿속에 그리며 라라 인형과 더불어 얘기하고 웃고 밥 먹고 설거지하고 시장도 보러 가고 잠도 자고 아침에는 라라의 금발 머리를 빗기고 공들여 따주기까지 했다. 혼자 하는 소꿉놀이였지만 나는 얼마나 행복했던가.

"현우야, 현우야! 문 열어. 문 좀 열어줘. 선생님이 꼭 할 말이 있어. 정말이야. 꼭 하고 싶은 말이 있어. 잠깐이면 돼. 현우야 제발 응."

나는 열지 않았다. 나는 방바닥에 아무렇게나 나뒹굴고 있는 라라 인형과 라라의 살림 도구를 실내화 신은 발로 지근지근 밟아댔다. 세계적인 인형 메이커라 그런지 쉽게 부서지지 않았다. 나는 실내화를 벗어 라라 인형의 볼록한 젖퉁이 부분을 있는 힘을 다해 때렸다. 아버지가 엄마에게 폭행을 가하던 모습을 떠올리며 나는 입가에 잔인한 미소를 흘리는 여유를 보였다. 그래도 지독한 플라스틱 라라는 조금도 뒤틀어지지 않았다. 나는 가방에서 연필 깎는 칼을 꺼내 라라의 아랫도리 부분을 난도질했다. 더러워. 불결해. 더러워.

문밖에서 울음소리가 들린다. 그녀가 우는 모양이다. 거실 바닥에 퍼질러 앉아 통곡하는 모양이다.

"현우야, 현우야! 제발 부탁야. 한 번만 한 번만 현우야······."

나는 일부러 거칠게 문을 열었다. 그 바람에 퍼질러 앉은 채 방문을 잡고 있던 그녀의 몸뚱이가 방바닥으로 엎어져 버렸다. 라라 인형이 난도질당하여 흩어져 있는 그 위에 그녀의 몸뚱이가 엎어진 꼴이 된 것이다. 예기치 않게 웃음이 나왔다. 이 상황에서 웃음이라니. 가당찮은 일이다. 있는 대로 험악한 표정을 연출해야 한다. 흉한 벌레를 보듯 경멸에 가득 찬 표정을 만들어 내야 한다.

"현우야, 사실은 사실은 말야. 그 사람 이종사촌 오빠가 아냐. 선생님 약혼자야. 대학 때부터 커플이었어. 현우, 커플이 뭔지 알지? 졸업하고 약혼했는데 그만 너희 아빨 알게 된 거야. 모르겠어. 그냥 너희 아빠가 너무 슬퍼 보였어. 외로워 보였어. 위로해 주고 싶었어. 도와주고 싶었어. 힘이 되고 싶었어. 진짜야. 이건 진짜야. 사랑인지 그건 나도 몰라. 그냥 너희 아빠랑 있으면 마음이 편했어. 아빠 같고. 그 사람한테 헤어지자고 했는데 막무가내야. 정말 그 남자랑 깨끗이 정리하고 싶었어. 너희 아빠 아내로서 모범적이고 싶었어. 현우야, 선생님 믿지. 믿지. 근데 그 남자가 정리해 주는 대가로 꼭 한 번만 같이 자자고 통사정했어. 그것조차 거절할 수 없었어. 현우야, 선생님 용서해 줘. 제발 아빠한테만은 말하지 마. 네가 하라는 대로 다 할게. 현우야, 나 너희 아빠 진짜 좋아해. 응. 아빠한테만은 제발…….”

그녀는 울고 있었다. 화장기 있는 얼굴에 번진 눈물은 봄날 비에 젖어 땅바닥에 문드러져 있는 백목련 꽃잎보다 더 흉물스러웠다. 그녀가 내 손을 잡고 무릎을 꿇었다.

"꺼져버려. 꺼지란 말야. 당장 꺼져버려. 다신 우리 앞에 나타나지 마. 죽을 때까지 우리 앞에 나타나지 마."

솟구치는 욕지거리를 어린 내가 참기에는 입안이 너무 아팠다. 끝없이 차오르는 분노와 이 갈림으로 가슴이 답답했다. 차라리 데져 버려라. 데져라. 너같이 더러운 년은 죽어도 싸다. 나는 기도했다. 그녀가 정말로 죽기 직전까지 나는 하루도 빠짐없이 기도했다.

"주님, 천사의 탈을 쓴 저 사탄을 죽여주십시오. 저 사탄만 죽여주신다면 이제부터 주님의 뜻대로 살게요."

그녀가 정식으로 우리 집에 들어온 날 남자는 그녀의 짐을 들고 왔다. 정확히 말하면 그녀의 짐을 싣고 온 것이다. 도색이 군데군데 벗겨진 노란색도 황토색도 아닌 어정쩡한 황색 포니에 그녀와 그녀의 짐을 싣고 우리 집에 왔다. 아버지는 남자가 든 짐을 받아 안방으로 옮겼다. 그녀가 남자를 소개했다. 이종사촌 오빠라 했다. 남자가 정중하게 자기 이름을 말하며 아버지와 악수를 했다. 그러나 지금 그 남자의 이름이 생각나지 않는다. 대학 졸업을 앞두고 취직 시험을 준비하고 있다고 한다. 얼굴선이 갸름하고 눈썹이 짙은 것이 상당한 미남형이다.

4, 5대 전 할아버지 적부터 기울기 시작한 가문에서 태어난 아버지는 초등학교 졸업장조차 없다. 가난과 절망 속에서 자갈돌처럼 밟혀온 아버지는 초등학교 4학년 어느 가을 추수가 끝나갈 무렵 몇 차례 월사금을 못 내어 학교에서 쫓겨나고 말았다. 홧김에 책 보따리를 변소간 두엄더미에 팽개치고 아무도 없는 집 변소간에서 잎담배를 말아 피웠다. 처음이었다. 예상치 않았던 기침이 나와 숨쉬기도 어려웠다. 그래도 아버지는 눈물을 질금거리면서도 잎담배 끝이 타도록 다 피웠다.

그때 홀테를 가지러 집으로 온 할아버지한테 발각되고 말았다. 홀테는 변소간 왼쪽 벽에 걸려 있었다. 아침나절에 쓸 만한 홀테는 이미 논으로 나갔지만 추수하는 것을 보고만 있기에 무료한 할아버지는 좀 어설픈 홀테나마 가져다가 노느니 소일거리라도 하는 셈 치고 나락을 훑어볼 요량으로 집에 들른 것이다. 아버지는 변소간에서 지겟작대기로 종아리에 피가 송송 맺히도록 원 없이 매를 맞았다.

아버지는 그 길로 집을 나왔다. 무작정 서울행 밤기차를 타고 서울에 입성했다. 산전수전 다 겪고 안 해본 일 거의 없이 굴러다니다가 어느 순간 갑부가 되어 있었다. 아버지는 부모도 없는 촌 뜨기 여자를 만나 결혼을 했다. 그 여자가 나의 친엄마다. 깡마른 체구였으나 강단지고 일 잘하는 아낙이었다. 아버지처럼 배운 것은 없었으나 마음이 후덕한 여자였다. 아버지는 엄마에게 경제권을 넘겨주지 않았다. 콩나물 한 봉지까지 아버지가 사 왔다.

아버지는 엄마가 음식을 게걸스럽게 먹는 것을 못 견뎌 했다. 그럴 때마다 듣기조차 거북한 욕을 해댔다. 느그 집안에 못 묵고 데진 구신이 있는 갑지. 에지간히 작작 좀 쳐묵으라. 누가 뺏아 묵나. 여핀네가 묵는 구신이 씌었는가 묵는 것만 보면 환장을 허니 내 팔짜도 참 더러버 죽것다. 쳐묵기는 오살나게 쳐묵음스롱 상판대기는 왜 뼈다구만 볼가지냔 말이다. 저 웬수 언지쯤이나 디질랑가 몰라. 엄마는 입에 담기에도 민망한 아버지의 욕설과 저주 섞인 말에도 아랑곳하지 않고 하나라도 더 먹으려고 눈빛을 빛냈다. 화가 난 아버지는 아직 밥이 남아 있는 엄마의 밥그릇까지 빼앗아 개수대에 내동댕이쳤다.

아버지는 폭군이다. 사흘이 멀다 하고 엄마를 때렸다. 밭일을 끝내고 돌아와서, 꽃잎을 떠나보내고 잎사귀가 푸르러 가는 넝쿨장미 아래 지하수를 퍼 올리는 수돗가에서 등목을 막 시작하려는 반라의 엄마를 수챗구멍 쪽으로 패대기치고 구둣발로 짓밟았다. 피가 흐르고 엄마가 완전히 널브러져 더 이상 일어나지 못할 때에 비로소 아버지의 주먹은 거두어졌다. 엄마의 산발한 머리채 쪽으로 침을 내갈기며 욕을 쏟아내는 것도 빠지지 않는 아버지의 일관된 모습이었다.

빙신 밑자리 거튼 년. 에미 애비도 읎는 년. 식충이. 밥만 축내는 멍청이 거튼 년. 존 일 헌다고 내 앞에서 안 보이게로 디지거라.

엄마는 그렇게 얻어맞고도 이튿날 새벽 5시를 넘기는 법이 없었다. 5시 전에 일어나 마당을 쓸고 아침식사를 준비하고 텃밭의 남새를 돌보고 뒤란의 축사를 돌보았다. 자리보전하고 눕는 법이 없었다. 정강이뼈가 뒤틀려 걷지 못한 날도 엄마는 그 모든 일을 다 해내고 부기가 가시지 않은 입으로 게걸스럽게 밥을 먹었다.

엄마가 죽기 일주일 전에도 아버지로부터 숨넘어가는 듯한 모진 구타를 당했다. 그날 아버지는 취하지 않았다. 평소에는 만취 상태이거나 최소한 소주 서너 병은 마신 뒤에야 아버지의 구타가 시작되는 것이 보통이다. 그러나 그날은 술 냄새도 나지 않았고 눈빛도 충혈되지 않았다. 단정한 쥐색 싱글 양복에 넥타이까지 제대로 갖춘 모습으로 들어와 엄마의 머리채를 안방 벽에 서너 차례 집어 던졌다. 엄마의 깡마른 몸은 콘크리트 벽에 부딪혀 둔중한 소리를 냈고 그토록 단단하던 벽에 마침내 균열이 생겼다.

평소와 다른 아버지의 모습. 비정한 조폭 보스처럼 실눈 하나 까닥하지 않고 호흡도 씩씩거리지 않고 표정 없는 얼굴로 숙련되고 정교한 솜씨로 엄마를 가격해 갔다. 비명조차 잃어버린 엄마.

그저 간헐적인 앓는 소리만 어쩌다 삐질삐질 새어 나올 뿐이다.

　나는 울었다. 언제부터인가 나는 아버지가 엄마를 때려도 울지 않았다. 아니 울지 않기로 했다. 내 눈물은 아무런 효력도 없기 때문이다. 오히려 내 눈물은 아버지의 폭력을 더 광적으로 폭발하게 하는 역효과만 가져왔을 뿐이다. 아버지는 우는 나를 향해 무섭게 눈을 부라리곤 했다. 그래도 나에게까지 폭력을 행사한 적은 한 번도 없다.

　그런데 그날 나는 울고 말았다. 머리가 어른 손만큼 부풀어 오른 엄마의 뒤틀린 모습. 눈이 찢어졌는지 그 선한 엄마의 눈에서 피가 줄기를 이루어 떨어져 내렸다. 아버지는 그 모습을 봄과 동시에 엄마를 마당 텃밭 쪽으로 집어 던졌다. 텃밭 가장자리에 굵은 돌을 박아 멋을 부려 놓았는데 엄마는 하필 거기에 허리 부위를 부딪치고 나동그라졌다. 달빛은 유난히 밝고 뒤란 어디쯤 철 이른 귀뚜라미가 섧게 울어댔다. 나는 보았다. 굵은 돌 위로 힘없이 번지던 더운 액체. 그것은 엄마의 오줌이었다. 엄마는 까무러쳤다. 의식을 잃고 쫙 뻗었다. 온몸이 피범벅이고 부풀어 오른 얼굴이 차라리 희극적이었다. 때 묻은 몸뻬 사이로 무력하게 흘러나오는 오줌은 지린 냄새조차 나지 않았다. 나는 부들부들 떨리는 몸을 끌며 엄마 곁으로 갔다. 쏟아지는 눈물을 도저히 훔칠 수가 없었다. 아버지가 달려와 구둣발로 정수리를 쥐어박을 것 같은 공포가 밀려왔다. 눈물만 나온 게 아니다. 나조차 상상 못 한 울음소리가 터져 나온 것이다. 한 번도 소리 내어 울지 못했는데 그날은 비석거리 동이네 집까지 들릴 정도로 대성통곡을 했다.

마을 사람들이 하나둘 몰려들었다. 담배에 불을 붙이고 문밖으로 사라지는 아버지를 아무도 막으려 하지 않았다. 엄마랑 형님 동생 하고 지내는 서남댁 아주머니가 남정네들을 부추겨 의식을 잃고 널브러져 있는 엄마를 간신히 안방으로 옮기게 했다. 너무 울어서 탈진한 나를 동이 엄마가 들춰 업고 내 방으로 데려다주었다. 눈물이 남아 있지 않도록 마음껏 울었는데 또 눈물이 났다. 마을 아낙들이 수돗물을 받아 엄마의 상처 부위를 닦고 몸뻬를 갈아입히고 냉찜질을 하는데 남정네들은 방문 밖에서 약속이나 한 듯 담배를 꼬나물었다. 누군가 침을 뱉었다. 개차반이랑께. 저렇게 순둥이 거튼 마누래를 왜 그리 못 잡아묵어 안달인가 모르것당께. 당최 이해가 안 돼부러.

엄마는 사흘 동안 의식을 잃고 앓는 소리만 간헐적으로 내는 식물인간을 닮은 모습이었다. 서남댁 아주머니는 틈날 때마다 우리 집에 들러 나의 밥을 챙겨주고 엄마를 돌보았다. 엄마의 대소변까지 받아내는 모양이다. 누구 하나 병원으로 데려가자는 말을 하는 사람이 없었다. 엄마에 대해 누군가 이러쿵저러쿵하는 것을 아버지는 참지 못했고 엄마에게 행사하던 폭력을 그 사람에게도 서슴없이 행사하는 사람이다. 그래서 사람들은 마음속으로는 엄마를 걱정할지언정 개차반인 아버지가 두려워 쉬쉬할 뿐이었다.

나흘째 되는 날 담배를 꼬나물고 나갔던 아버지는 아무 일도 없었다는 듯 정갈한 모습으로 이발까지 산뜻하게 한 다소 신선한 모습으로 돌아왔다.

커다란 꾸러미를 짊어지고 "현우야, 현우야! 현우 어디 갔냐? 아빠 왔다. 일 나와보그라. 아빠 맛있는 거 사 왔다. 일 나와보그라." 이 방 저 방 방문을 열어대며 소리쳤다. 의식을 되찾지 못하는 엄마 곁에서 맴돌던 나는 아버지한테 들키면 안 되는데를 머릿속으로 계산하며 꾀를 부리려 안간힘을 썼지만 별 신통한 수가 없었다. 안방에서 나오지 않을 수가 없었다.

"니 그 방에 있었냐? 니 방에 있지 와? 혼자 자기 무섭더나? 아빠가 오싯으면 얼릉 나와 인사를 혀야 대장분 거라. 요 봐라. 갈비 사 왔다. 아빠가 큰맘 묵고 사 온 거다. 느그 엄마 보고 갈비찜 해달래캐서 우리 오랜만에 포식 한번 혀보자."

안쪽 입술까지 비집고 나오려는 묵은 욕을 나는 끝내 삼켜야 했다.

"이 염병할 마누라쟁이는 서방이 와도 나와보도 않그면. 에미 애비도 읎는 년은 어디가 달라도 달른 벱이지. 무식한 년."

아버지는 안방 문을 박차고 방으로 들어갔다. 나는 필사적으로 아버지를 뒤따라 들어갔다. 이번만은 말려야 한다. 내가 나흘 전의 엄마처럼 텃밭 쪽으로 패대기쳐지는 일이 있더라도. 놀랍게도 엄마는 눈을 뜨고 있었다. 방금 전까지 분명히 의식 없이 누워 있었는데 엄마는 눈을 뜨고 있다. 몸을 일으키려 하지만 일어날 수 없는 모양이다. 신음 소리가 문풍지를 울렸다.

"니 와 그러나? 일나 보그라."

아버지가 억센 손으로 엄마를 일으키려 하자 엄마는 자지러들 듯한 비명을 질렀다. 공포가 밀려왔다.

아버지는 아무 말 없이 방문을 닫고 골목을 나섰다. 잠시 후 서남댁 아주머니와 마당에서 얘기를 나누는 아버지의 목소리가 전에 없이 조심스럽게 들렸다. 서남댁 아주머니가 갈비찜을 하는 모양이다. 갈비찜이 익어가는 냄새가 주린 위장을 간지럽히는 듯했다. 엄마가 죽을지도 모르는데 나는 갈비찜 먹을 생각에 벌써 부엌을 예닐곱 차례나 기웃거렸다.

서남댁 아주머니의 부축을 받아 간신히 몸을 일으킨 엄마는 평소 먹어보지 못한 갈비찜을 정신없이 먹어댔다. 맛있다는 말 한마디 없이 옆에 사람한테 먹어보라는 인사치레의 말도 없이 끝없이 먹기만 했다. 어쩐 일인지 아버지는 그런 엄마에게 눈을 부라리지도 욕을 퍼붓지도 먹는 것을 빼앗아 내동댕이치지도 않았다. 애써 외면하는 듯했다. 나는 갈비 한 대를 입에 넣고 볼이 미어지게 먹으려는 순간 공교롭게도 벽 쪽으로 얼굴을 돌리고 있는 아버지의 눈을 보고 말았다. 아버지는 소리 없이 울고 있었다. 나도 공연히 눈물이 나와 코가 맹맹해졌다. 그래도 갈비 한 대를 다 먹고 또 하나를 집어 입으로 가져갔다.

그날 밤 엄마는 또 의식을 잃었다. 그리고 정확히 사흘 후 엄마는 다시는 일어나지 못했다. 사랑허는 내 새끼, 불쌍헌 내 새끼, 하면서 나를 안아주지도 않고 엄마는 그렇게 갔다.

"전화 받어. 뭐 해. 전화 받지 않고……."

어머니가 내 휴대폰을 가지고 내가 앉아 있는 소파로 온다. 아침에 우유를 마시기 위해 냉장고 문을 열다가 그만 휴대폰을 싱크대 위에 두고 온 모양이다.

'니 꺼 011-693-9498'이라는 문자가 뜬다.

수정이다.

'오빠, 나와. 내가 맛있는 걸루 쏠게. 이 몸이 맛있는 밥 산다니까. 한정식 '기와집'으로 나와.'

어머니가 들어오고부터 나는 밥이라는 것을 제대로 먹어본 기억이 없다. 어머니는 시도 때도 없이 바게트를 먹고 나는 맥주를 마시며 허기를 달랬다. 어쩌다 우유를 마시고 느물거리는 치즈를 먹고 식빵 조각을 우적거려야 했다.

"수정이니? 나갈래? 미안하다. 명색이 엄만데 밥 한 끼 못 해주구. 맘 같아서는 밥 한번 해주구 싶은데 영 자신이 없어. 가지 마라. 나랑 같이 있어줘. 너까지 가버리면 이 큰 집에서 나 혼자 어쩌라구. 나 무섭단 말야. 말도 없고 멋도 없는 너라도 있어야 내가 이 집에서 버틸 것 같애. 가지 마. 현우야."

어머니가 내 팔을 끌어당긴다. 보기보다 힘이 세다. 내 몸이 어머니 가슴 앞으로 끌려간다. 속옷인지 겉옷인지 도무지 구별이 안 되는 옷을 입은 어머니가 나에게 버겁다. 어깨끈이 유난히 가느다란 탱크톱. 거들처럼 엉덩이에 달라붙은 스판 소재의 핫팬츠.

"우리 집에 왜 왔어요?"

어머니가 우리 집에 들어온 지 8개월이 넘었지만 나는 한 번도 어머니에게 그것에 대해 묻지 않았다. 아니 제대로 말을 붙여 본 적도 없다. 어머니 쪽에서도 마찬가지다. 늘상 거실 소파에 죽치고 앉아 책을 보거나 신문을 보거나 음악을 듣는 나를 물끄러미 바라볼 뿐 별다른 말을 붙여 오지 않았다. 아버지가 출근하고 나면 이 큰 집에 어머니와 나 둘뿐이다. 스물네 살의 어머니와 스물두 살의 아들. 생각만 해도 숨 막히는 일인데 어머니도 나도 지난 8개월 동안 아무 일 없이 잘 버텨오고 있다. 별다른 말 한마디 거는 일 없이 때가 되면 어머니는 식탁에서 바게트를 먹고 나는 소파에서 맥주를 마시고 어머니는 안방 침대에서 잠을 자고 나는 소파에서 잠을 잤다.

"우리 집에 왜 왔어요? 우리 아버지한테 뭐 하러 시집왔어요? 돈 때문인가요? 도대체 뭐 때문에 그만한 나이에 그만한 미모에 뭐가 부족해서 다 늙고 성질 더러운 홀아비한테 시집왔냐 말이에요?"

어머니는 함묵하고 있다. 바게트 껍질만 긁어내어 식탁 위에 뿌릴 뿐 가타부타 말이 없다.

"바보 아니에요? 우리 아버지 늙고 못 생기고 무식하고 성질 더럽고 폭군이에요. 보면 몰라요. 뭐가 아쉬워서 왔냐 말이에요. 가요. 가란 말이에요. 아버지 출장 갔으니까 최소한 일주일은 더 걸릴 거예요. 가세요. 다른 걱정하지 말고 가요. 가세요. 제가 다 책임질게요. 이게 뭐예요. 젊으나 젊은 사람이 바게트나 뜯고 하루 종일 집이나 보구. 이게 뭐예요. 이게 할 짓이냐구요. 가요. 가 버리란 말이에요. 당신 때문에 내가 얼마나 힘든 줄 알기나 하는 거예요?"

어머니는 웃는다. 네 마음 내가 다 알지 하는 표정 같다.

"우리 아버지가 여자를 몇이나 죽인 줄 알아요? 자그마치 둘이에요. 우리 엄마, 그리고 젊고 이쁜 새엄마, 그리고 또……. 우리 아버지는 살인마예요. 당신이 세 번째 희생물이 될 거예요. 그러니 가요. 제발 내 눈앞에서 사라져 줘요. 멀리 가버려요."

"괜찮아. 나 죽어도 좋아."

"아버지, 사랑하세요?"

"……. 깔깔깔 헉헉……."

사레가 들린 모양이다. 얼굴이 붉어지도록 기침을 한다. 눈가에 눈물이 맺혀 있다.

"사랑. 나 그런 거 몰라. 담배 한 가치 줄래."

나는 안주머니를 뒤져 가느다란 담배 한 가치를 뽑아 어머니의 입에 넣어준다. 라이터를 켜 불을 붙여준다.

"넌 내가 한심해 보이지. 그래도 할 수 없어. 나 진짜 한심한 여자 맞어. 나 단란주점에서 몸이나 팔던 다된 계집이야."

"그래도 지금은 아니잖아요. 이제라도 늦지 않았어요. 어디 중소도시에 가서 백화점 점원으로라도 취직하세요. 이쁘게 생겼으니까 쉽게 취직할 수 있을 거예요. 돈 없으면 내가 카드 빌려줄게요."

"나도 카드 있어. 니네 아빠가 내 마음대로 쓰라고 카드 하나 만들어 주드라. 세상 어디로 도망가나 어차피 나는 너희 아빠 몫이야. 맥주 한 병 가져올래."

"소주 드시잖아요."

"니가 마시는 맥주 나도 한번 마셔보자."

어머니는 맥주를 병째 마신다.

"야, 너 올해 스물둘이냐? 캬 좋은 나이다. 너 근데 아직도 어린애 같다. 젖 덜 땐 어린애 말야. 너 아니? 아버지가 자기 딸을 성폭행하는 것 말야."

갑자기 꿍꽝거리는 발자국 소리가 현관문을 밀치고 들어온다. 잔뜩 씩씩거리며 들어오는 수정이가 어머니와 나를 한번 보고는 표정이 심상치 않게 일그러진다.

"뭐 하는 거야? 당신들 대낮부터 뭐 하는 거냐고? 내가 몇 시간을 기다린 줄 알아. 자그마치 2시간 하고 16분을 더 기다렸어. 오빠 도대체 뭐 하는 사람이야. 그렇게 바빠. 저 여자랑 술 마시고 노닥거리느라고 날 바람 맞췄어. 그래 저 여자가 저런 천박한 차림으로 유혹하던?"

　수정이의 얼굴에 불이 난다. 나도 모르게 수정이의 뺨을 연거푸 때린 것이다. 아버지가 엄마를 때릴 때는 도대체 어떤 마음이었을까. 나는 내 손을 어떻게 수습해야 할지 몰라 저주스럽게 바라본다. 어머니는 마시던 맥주병을 들고 안방으로 들어간다.

　아버지는 지방 출장이 잦았다. 한 번 출장을 떠나면 보통 일주일은 다반사였다. 가뭄에 콩 나듯 어쩌다 나타나던 남자는 어느 순간부터 사흘거리로 나타났다. 올 때마다 안방에서 두어 시간을 노닥거리다 가곤 했다. 처음에는 내 눈치를 살피던 연놈들이 차츰 내 존재 따위는 안중에도 없는 듯했다. 웃통을 벗은 남자가 그 짓을 끝내고 갈증을 축이기 위해 냉장고를 뒤져 물병을 들고 안방으로 들어가곤 했다. 그때마다 덜 닫힌 문 사이로 벌거벗은 그녀가 풀린 눈자위로 천장을 보고 있었다.

　초등학교 입학 면접을 보러 가기 위해 서남댁 아주머니를 따라 중앙초등학교를 다녀왔다. 꽃샘추위인지 눈이 풀풀 날리고 바람이 불어서 걷다가 몇 번 멈춰야 했다. 고르지 못한 기상에 지레 겁을 먹은 아버지가 출장을 사흘씩이나 앞당겨 마무리하고 차를 몰아 집으로 돌아왔다. 내가 집에 도착했을 때는 이미 일이 일어난 지 꽤 오랜 시간이 흘러 있었다.

　아버지가 평소 애지중지하던 동백나무 서너 그루가 볼썽사납

게 잘려 있었고 마당가에 펼쳐놓은 평상이 다 부서져 있었다. 눈이 쌓인 마당 이곳저곳에 어지러운 발자국과 핏자국이 사건의 심각성을 시사하고도 남았다. 지난날 지겹도록 보아왔던 그 장면이 재현되는 듯했다.

엄마가 죽고 만 2년 동안 아버지는 완전히 딴사람이 되었다. 술도 마시지 않고 담배도 끊고 욕도 하지 않고 폭력도 행사하지 않았다. 갓 장가든 샌님처럼 다소곳하기까지 했다. 손수 남새밭에 잡초를 뽑고 거름을 주었다. 어린이집 선생님을 끔찍이도 위했다. 밥상을 차리면 밥상을 대신 들어줬고, 반찬을 만들면 파를 다듬고 마늘을 깠다. 빨래가 마르면 손수 걷어서 네 귀가 반듯하게 갰다. 새벽 일찍 일어나 선생님과 손을 맞잡고 수산시장에서 활어를 사와 수돗가에서 도란도란 얘기를 나누며 회를 떠서 선생님의 입에 넣어 주었다. 아버지는 엄마랑 살 때와는 전혀 다른 사람이었다. 말씨도 많이 바뀌었다. 경상도 전라도 어름에서 살아서 몸에 박힌 지독한 사투리도 많이 엷어졌다. 큰소리 내지 않고 조용조용히 다정하게 말하는 아버지가 어쩐지 낯설기만 했다.

그 넓은 집에는 아무도 없었다. 뒤란 축사도 쑥대밭이 되어 있었다. 짓밟힌 닭들이 반쯤 죽어 있었고 똥개 메리란 놈만 혓바닥을 길게 뽑고 헐떡거리고 있었다.

"어디 가세요? 이 밤에."

"다 떨어졌어."

"……"

"소주도 바게트도."

"내가 사 올게요."

"괜찮아. 내가 금방 갔다 올게. 너무 집에만 있어서 그런지 속도 답답하고."

"그러면 이렇게 해요. 배달시켜요. 지금 밖에 비도 오고 제과점까지 가려면 한참 가야잖아요."

"그깟 것을 누가 배달해 줄까."

"바게트 10개는 살 거 아녜요? 거기다 소주 열 병, 맥주 열 병. 24시마트에 전화하면 당장 배달해 줄 거예요."

"괜찮아, 번거롭게 배달까지 시킬 게 뭐 있어. 남들이 바게트가 주식이라고 비웃으면 어쩌니. 창피하잖아."

"뭐가 창피한데요?"

"그냥 밤낮 바게트만 먹는다는 게 남들 보기에 많이 이상할 테니까."

어머니는 우산도 없이 대문 밖으로 나서고 있다. 탱크톱과 핫팬츠 차림으로. 나는 서둘러 신발장을 뒤져 거미줄이 몇 군데 얽혀 있는 우산을 찾아들고 어머니를 앞서려고 뛰었다. 무슨 여자가 걸음이 그렇게 빠른지 벌써 모퉁이를 돌아서고 있다. 뭐라고 불러야 하는데 딱히 적절한 호칭을 찾을 수가 없다. 낙서나 글에서는 어머니라고 쓰지만 실상 일상 대화에서 한 번도 그녀를 어머니라 부른 적이 없다. 아버지는 처음 그녀를 데리고 온 날 나에게 담배 심부름을 시키는 것처럼 가볍게 오늘부터 이 여자가 니 엄마다. 엄마라고 불러라, 하며 삼성카드 한 장을 내 코앞에 던졌다. 너도 이제 성인이니까 돈 쓸 데도 많을 테고 알아서 써라.

그랬다. 그때 분명 아버지는 엄마라고 부르라 했다. 스물두 살의 아들에게 스물네 살의 여자를 엄마라고 부르라 하는 아버지는 과연 어떤 사람인가.

어머니, 엄마 그런데 부를 순 없다. 지나가는 사람들이 이상한 눈으로 볼 것이 뻔하다. 그렇다고 이름을 불러? 그것은 더더욱 불가능한 일이다. 8개월이 넘도록 나는 어머니의 이름을 모른다. 아버지는 어머니를 부를 때 '어야, 이리 온나', '어야, 별일 없엇나?' 식으로 '어야'라고 불렀기 때문에 나는 어머니의 이름을 모른다.

"잠깐만요. 같이 가요."

생각보다 큰 소리를 질렀는지 어머니가 뒤를 돌아본다. 나는 달린다. 빗줄기가 조금씩 굵어진다. 벌써 어머니의 머리는 빗방울이 흘러내리고 있다. 우산을 씌워준다. 가쁜 숨을 고르며 말했다.

"무슨 여자가 걸음이 그렇게 빨라요. 밥 한 끼도 안 먹었는데 달려오느라고 죽는 줄 알았어요."

"현우 지금 뭐라 했지?"

"왜요?"

"방금 전에 뭐라 그랬냐구? 나보고 여자라 그랬어?"

아차, 실수한 모양이다. 생각 없이 내뱉은 말이 어머니에게는 꽤 인상 깊었던 모양이다.

"내가 여자로 보여? 산전수전 다 겪은 내가 아직도 여자로 보여. 하하하."

"사실은 호칭을 불러야 하는데 마땅한 게 없어서 나도 모르게 그만. 죄송해요."

"아냐. 괜찮아. 다행이지 뭐야. 덕분에 날 여자로 불러주고. 얼마 만에 듣는 여자라는 말인지 감회가 새롭다."

나도 모르게 생각지도 않은 질문이 튀어나왔다.

"애인 없어요?"

"나?"

"네."

"없어. 남자라면 지긋지긋해."

"우리 아버지도 지긋지긋해요?"

"아니 그냥 너희 아빤 내 그늘이고 날 숨겨주는 은신처고 운명이지 뭐."

"젊은 남자 사랑한 적 없어요?"

"없어. 남자 지긋지긋해. 나 남자 따윈 필요 없어. 바게트만 있으면 돼. 하긴 옛날에 학교 다닐 때 좋아했던 남자애가 있긴 했지만 우리 아버지 땜에 다 망했어."

"바게트는 언제부터 먹었는데요?"

"내가 열두 살 때……."

꽤 오래전인데도 어머니는 질문과 동시에 열두 살이라고 재빨리 대답했다. 자세히 보니 눈꼬리 쪽이 조금 경련이 일어나는 듯했다. 한동안 말이 없다.

똥개 메리의 머리를 쓰다듬고 있는데 동이 엄마가 머릿수건을 하고 몸뻬 차림으로 급히 나를 찾았다.

"어데 갔었노? 느그 집 큰 난리 났었다. 삼 이우지 떠들썩했어야. 느그 아부지가 그 여자 대그빡을 안 깼나. 그 남자는 느그 아부지헌티 엄청 맞고 마을 밖으로 줄행랑을 쳐부릿다."

"늬 듣고 있는 기가? 왜 아문 것도 안 묻는 기가? 하기사 어린 늬가 무신 죄가 잇것나. 마을 사람들이 차 불러 갖고 읍내 병원으로 갔다. 느그 아부지는 경찰서에 잽히 가고. 누군지 모르것지만 신고를 헌 모양이드라. 아야 울지 말고 울 집 가자. 배고플 틴디 울 집 가서 밥 묵자. 소나 자석이 그러코롬 울어 싸면 큰 인물 못 되는 거라. 싸게싸게 가자. 우리 동이도 배고파 그카것다."

8시간 동안 뇌수술을 받은 그녀는 일주일이 지난 후에 서남 아저씨의 차에 실려 집으로 돌아왔다. 파리한 얼굴. 퀭한 눈동자. 산 사람 같지 않았다. 붕대가 둘둘 감긴 머리는 큰 가분수를 연상케

하여 어딘지 우스꽝스러운 느낌을 갖게 했다.

그녀는 말을 하지 못했다. 언어 중추 신경이 제구실을 못 하는 듯했다. 마을 아낙들은 그녀 뒤에서 실성기가 있는 것이 아니냐며 쑥덕거렸다. 정말 그랬다. 그녀는 평소 그녀로서는 생각도 못 할 돌출된 행동을 시도 때도 없이 저질렀다. 닭장의 암탉을 잡아 모가지를 동강 내거나 상추가 빼곡히 머리를 맞대고 있는 상추밭에서 고무줄놀이를 하거나 본인이 배설한 오줌을 숭늉이라고 마시거나 된장을 화장품이라고 얼굴에 바르거나 머리카락을 가위로 뜯어냈다. 자르는 게 아니라 군데군데 뜯어낸다는 표현이 맞을 것이다. 도무지 납득이 안 가는 행동들이다. 그래도 그녀는 용케도 나를 알아보았다. 내 이름을 알았다. 내가 그림을 그리고 있는 스케치북에

"현우야, 날씨가 참 좋다."

"현우야, 아까 너희 엄마 봤다."

"현우야, 배고프다."

이렇게 쓰곤 했다.

아버지가 구치소에서 나온 날 그녀는 정신 병원에 입원했다. 그날 아침 차를 타지 않으려고 괴력에 가깝게 저항하는 그녀를 마을 장정 네댓 사람이 에워싸서 간신히 차에 태울 수 있었다. 그것이 내가 그녀를 본 마지막이었다.

이듬해 봄 그녀는 정신 병원에서 경동맥을 끊고 자살했다.

강물이 채 풀리기도 전 성급한 봄바람에 버들가지는 벌써 봄물이 가득 올랐는데 아버지는 강변에 앉아 있는 나를 본 척도 안 하고 그녀의 뼛가루를 뿌리는데 넋을 빼고 있다. 분분히 흩날리는 그것들이 멀리서 스멀거리는 노란 아지랑이 같아 나는 눈을 가늘게 떴다. 눈물이 났다. 심약한 나는 눈물에 익숙한 체질인가 보다. 걸핏하면 눈물이고 걸핏하면 숨어서 운다.

다섯 살의 내가 얼마나 좋아했는데. 양파 꼭지처럼 귀엽게 묶은 생머리. 양파 속처럼 하얗게 웃던 마음씨 착한 선생님을 얼마나 좋아했는데. 나는 검은 양복을 입고 있었다. 양복이 내 몸보다 컸지만 유난히 긴 소매가 내게 그 순간 조금쯤은 위안이 되었다. 흘러내리는 눈물을 닦을 수 있으니 말이다.

"비가 제법 내리네. 태풍 분다 그러디?"

"모르겠어요."

"너 맨날 소파에 앉아 테레비 보잖아."

"테레비만 켜놓지 제대로 봐야 말이죠."

"바보. 너 참 바보다. 니네 아빠가 너 수재라고 자랑하더니 말짱 거짓말인가 보네. 우리 아들 수재니까 약은 수작 부리지 마. 그땐 니 죽고 나 죽어 하던데."

"태풍 라마순이 온대요. 제주도는 지금 난리래요. 이곳도 내일 아침에는 미친년 발작하듯 난리일지 몰라요."

"영장은 언제 나와?"

"내가 빨리 사라졌음 좋겠어요."

"……."

"나 없음 무섭다면서요. 다음 달쯤 나올 것 같애요."

"기분 어때?"

"우리 아버지 사랑하세요?"

"니네 아빠한테 빚진 게 많아. 지구상에 있는 바게트를 다 먹어치운다 해도 아마 못 갚을 것 같애."

영장이 나왔다. 얼마나 기다렸던가. 숨 막히는 이 집에서 무위도식하며 보낸 지난 몇 개월 동안 나는 참 많이도 불안에 허덕였다. 나 자신도 주체할 수 없는 마성(魔性)과 원시성, 무력함 등으로 전전긍긍했다. 지난 학기부터 준비해 온 신춘문예 응모작도 발단 부분만 써진 상태로 내팽개친 이후로 단 한 줄도 더 잇지 못했다. 러닝머신을 할 수도 없었고, 스쿼시 하러 나갈 마음도 없었다. 토익 공부를 할 수도 없었다. 일낼 것 같은 불안한 눈으로 맥주를 마시고 텔레비전을 보고 만화책을 보았다. 그때마다 어머니는 식탁에 앉아 바게트를 먹고 있었다. 먹어보라는 말도 없이 기형적으로 앉아 남근처럼 긴 끝부분이 귀두 모양으로 뭉툭한 바게트를 물어뜯고 있었다.

그리워하라

초판 1쇄 발행 2025. 10. 24.

지은이 김혜련
펴낸이 김병호
펴낸곳 주식회사 바른북스

편집진행 김재영
디자인 김민지
마케팅 송송이 박수진 박하연

등록 2019년 4월 3일 제2019-000040호
주소 서울시 성동구 연무장5길 9-16, 301호 (성수동2가, 블루스톤타워)
대표전화 070-7857-9719 | **경영지원** 02-3409-9719 | **팩스** 070-7610-9820

•바른북스는 여러분의 다양한 아이디어와 원고 투고를 설레는 마음으로 기다리고 있습니다.

이메일 barunbooks21@naver.com | **원고투고** barunbooks21@naver.com
홈페이지 www.barunbooks.com | **공식 블로그** blog.naver.com/barunbooks7
공식 포스트 post.naver.com/barunbooks7 | **페이스북** facebook.com/barunbooks7

ⓒ 김혜련, 2025
ISBN 979-11-7263-624-1 03810

•파본이나 잘못된 책은 구입하신 곳에서 교환해드립니다.
•이 책은 저작권법에 따라 보호를 받는 저작물이므로 무단전재 및 복제를 금지하며,
이 책 내용의 전부 또는 일부를 이용하려면 반드시 저작권자와 도서출판 바른북스의 서면동의를 받아야 합니다.

후원: 🌊 **전라남도** 🌊 전라 **문화재단**

이 책은 전라남도, (재)전라남도문화재단의 후원을 받아 발간되었습니다.